Tilman Jens

Axel Cäsar Springer

Tilman Jens

Axel Cäsar Springer

Ein deutsches Feindbild

FREIBURG · BASEL · WIEN

MIX
Papier aus verantwor-
tungsvollen Quellen
FSC® C106847

© Verlag Herder GmbH, Freiburg im Breisgau 2012
Alle Rechte vorbehalten
www.herder.de

Satz: Barbara Herrmann, Freiburg
Herstellung: fgb · freiburger graphische betriebe
www.fgb.de

Printed in Germany

ISBN 978-3-451-30542-9

Inhalt

1. Ein verhagelter Geburtstag   7
2. Intermezzo in den Schweizer Bergen   27
3. Das Tribunal   39
4. Sechstausend wunderliche Zeitungsseiten   75
5. Bespitzelt Springer!   113
6. Ach, Katharina   131
7. Epilog im Himmel   163

Dank   171

Bibliografie   173

Bildnachweise   177

*In Erinnerung an meine langjährige Mitarbeiterin
Danuta Montag-Hofmann (4.2.1948 – 2.1.2012)*

1. Ein verhagelter Geburtstag

WEILTE ER UNTER uns – aber, Hand aufs Herz, tat er das je, er, der Angstbesessene, der sich mit Leibwächtern, Schlagbäumen, Mauern und schusssicheren Limousinen gegen den Rest der Welt abpanzerte? –, kurzum: wäre er noch im Kreise der Lebenden, dann hätte der Jubilar wenig Grund zur Freude gehabt an seinem hundertsten Wiegenfest. Gewiss, am 2. Mai 2012 wäre kein Geburtstag, sondern ein Staatsakt über die Bühne gegangen, eine Sonderbriefmarke für den Freiheitskämpfer inklusive. Eine Weihestunde, medial zum Jahrhundertereignis erhoben, streng abgeschirmt gegen das verbliebene Häuflein der Kritiker aus alten APO-Zeiten, die den Jubilar einst im wilden Rundumschlag als *Kommunisten, Neo-Faschisten und Neo-Marxisten* zu verunglimpfen beliebte. Die Grußworte: vom Feinsten, wenn auch ein wenig erwartbar. Die Kanzlerin lobpreist den schmal gewordenen Greis mit Fliege und Smoking als Träumer der Einheit, Henry Kissinger im Anschluss die *prägende Gestalt des Wiederaufbaus und der anschlie-*

ßenden Phase der Konsolidierung, die im Sieg im Kalten Krieg, in der deutschen Wiedervereinigung und der Entstehung eines politisch geeinten Europas gipfelte.

Die aus aller Welt eingeflogenen, im Adlon nobel parkierten Gratulanten lassen, vom Champagner beflügelt, ihren Tränen freien Lauf, als zum Abschluss Simon Rattles Philharmoniker Beethovens Neunte intonieren. *Wem der große Wurf gelungen, eines Freundes Freund zu sei ...* Unter Schillers verbrüdernder Ode geht es nicht an diesem Tag, an dem der mit englischen Hölzern vertäfelte Presse-Club, droben im 19. Stock des Springerhochhauses – dem einstigen Bollwerk gegen die rote Gefahr, heute nicht mehr am Todesstreifen, sondern an der Rudi-Dutschke-Straße gelegen – zu einem sentimentalen Blick auf die von der Mauer befreite Millionenstadt einlädt. Später Lebensherbst und süßer Frühling!

Und doch: Der hundert Jahre alte Axel Cäsar Springer – stellen wir ihn uns einige Momente unter den Lebenden vor – scheint trotz der rauschenden Sause in Melancholie verfallen. Wie ausschweifend hat er, der von sich, wie später Lothar Matthäus, gern in der dritten Person zu sprechen pflegte, zu besseren Zeiten gefeiert. Aber das Defilee der Huldigung erreicht ihn nicht mehr. Und das hat seine Gründe. Die vergangenen Monate haben an seinem Ego gezehrt, die tollen Tage seit Dezember 2011, als ausgerechnet die Mannen von BILD an vorderster Front der *großen Wulff-Debatte* standen, einen Schnäppchen jagenden Bundespräsidenten als solchen enttarnten, zielstrebig zum Rücktritt trieben – und dann auch noch erfolgreich den Nachfolger Gauck ausriefen, gegen den ausdrücklichen Wunsch der Kanzlerin.

Als die schnellen Jungs von BILD – nach einem rundum verpatzten Probelauf beim Versuch, den Plagiatsminister zu Guttenberg mit einer Großkampagne im Amt zu halten – über Wochen die Zeitläufte bestimmten, hat der Sieggewohnte auf einmal seine Grenzen gespürt. Ausgerechnet einer, der sein Enkel sein könnte, nicht einmal halb so alt wie er, 1964 im schwäbischen Ravensburg geboren, Kai Diekmann, der Gel-Affine mit der Designer-Brille, verwies den Alten unsanft auf die Plätze. Für ein paar Wochen zumindest hat der Chefredakteur und Herausgeber des auflagenstärksten Boulevardblatts Europas gezeigt, wer realiter der erste, der mächtigste Mann im Staat ist. Ein streitbar angriffslustiger Mitarbeiter des Hauses Springer! Eben solchem Format hat der hundertjährige Konzerngründer ein Leben lang hinterhergeträumt.

Kaum stillbar schien sein Hunger nach Bedeutung, das Verlangen, eines Tages in die Geschichtsbücher einzugehen, nicht als millionenschwerer Medienhändler, nicht als Lebemann und Ehebrecher, fünfmal verheiratet, nicht als bunt-schillernder Kaufmann, als Koofmich, wie man abschätzig in seiner Berliner Wahlheimat sagt, sondern als Staatsmann, den die Geschichte umweht, der wie Adenauer, Brandt oder Kohl der Nachwelt ein politisches Erbe hinterließ. Doch im Grunde ist er, so sehr er strampelte, und so rauschend sie ihn nun feiern, eine Reizfigur zwischen den Fronten geblieben. Heldendarsteller und Buhmann zugleich, in seinem Einfluss gleichermaßen überschätzt von Freunden und Feinden, sei es als volksverhetzender Schreibtischtäter, sei es als Heilsbringer fürs Vaterland. Alles eine Nummer zu groß!

Der Mann schien stets rastlos getrieben von der Suche nach der eigenen sinnstiftenden Mission: als eherner Frontsoldat gegen den Kommunismus, den er überall wähnte, als Botschafter der Versöhnung mit Israel, als Fanatiker der deutschen Einheit. Einiges nicht ganz falsch, vieles unfreiwillig komisch, tölpelhaft. Der Spottname *Brandenburger Tor* blieb kleben. Einen *christlichen Monopolisten deutscher Nation* hat ein kluger und verehrter Gegner des Hauses Springer – er ist mein Vater – den preußischen Protestanten aus Altona genannt, der noch unterm Tannenbaum nicht davon lassen konnte, den Kalten Krieg zu besingen. *Am Geburtstage des Erlösers*, appelliert er 1973 an die Leser der »Welt am Sonntag«, *sollte es uns nicht schwerfallen, den Stern von Bethlehem vom Sowjetstern zu unterscheiden.*

Das Elend begann im Januar 1958. Die Hausastrologin des streng sternengläubigen Verlegers hatte einen glücklichen Wintermonat prophezeit. Jupiter stand günstig. Also fliegt er mit einer gecharterten Superstar Constellation ins eisige Russland, lässt sich mit Pelzmütze auf dem Roten Platz fotografieren, macht mit Frau Rosemarie Sightseeing, besucht den Einkaufstempel GUM, Tolstois Wohnhaus, sogar das Grab der Frauenrechtlerin Clara Zetkin – und wartet ansonsten mehr als zwei Wochen im Moskauer Hotel National, um endlich in den Kreml vorgelassen zu werden und Nikita Chruschtschow, immerhin Führer einer Weltmacht, von einem selbstgebastelten *Wiedervereinigungsplan in fünf Phasen* zu überzeugen. Er fühlt sich zu Großem, zur Rettung seiner Nation berufen. *Meine Legitimation, meine Beglaubigung war das deutsche Anliegen.*

Da schien es ratsam, zuvor ein wenig Kreide zu fressen. *Sie wissen*, heißt es in einer antichambrierenden Note an den Leiter der 3. Europäischen Abteilung im sowjetischen Außenministerium, *daß ich als Besitzer des größten Presseunternehmens in Westdeutschland einen Teil der unabhängigen öffentlichen Meinung repräsentiere.* Und die kenne, wie auch er, kein Reich des Bösen, die schaue versöhnungsbereit gen Osten. *Es wird Ihnen nicht entgangen sein*, hat Springer im Januar 1958 geschrieben, *daß die Organe meines Hauses, insbesondere Die Welt, BILD und das Hamburger Abendblatt, seit Jahren eine politische Richtung vertreten, die einen Ausgleich und eine Verständigung mit der Regierung*

Springer und Frau Rosemarie auf dem Roten Platz in Moskau im Januar 1958

der UdSSR und eine Freundschaft zwischen unseren beiden Völkern anstrebt. Lauter offene Arme! Allein, in seinen Blättern, die sich als Speerspitze des Antikommunismus begriffen, las man's zumeist anders, auch wenn die Springer-Leute in den vergangenen Monaten ein wenig auf Distanz zur Adenauer-Regierung und deren Aufrüstungsplänen gegangen waren.

Ob sich einer der Geburtstagsgäste noch an die voluminös gefahrene Kampagne Ende Dezember 1957 erinnert hätte: *Atombewaffnung? BILD-Leser sagen NEIN!* Die gern als kurzfristige Linkswendung Springers gedeutete Aktion dürfte damals auch den Agenten des KGB kaum entgangen sein. Aber war da tatsächlich einer vom Saulus zum Paulus geworden? Oder entsprang die Wandlung des kalten Kriegers zum bekennenden Friedensfreund nicht vornehmlich unternehmerischem Kalkül? Den mächtigen Chruschtschow gnädig stimmen für die Unternehmung des deutschen Zeitungszaren? Gar so selbstlos, wie behauptet, war die Mission Moskau jedenfalls nicht. *Erst werden wir die Wiedervereinigung machen*, hat Springer 1957, wenige Tage vor seinem Aufbruch nach Moskau auf der Weihnachtsfeier der »Welt«-Mitarbeiter erklärt, *dann werden wir nach Berlin ziehen und mit der »Welt« eine Zeitung machen, wie es sie in Deutschland noch nicht gegeben hat. Und mit dieser Zeitung werden wir ein deutsches Volk machen, wie es das auch noch nicht gegeben hat.* Das könnte man durchaus auch als Drohung begreifen.

Über all das wird in den Elogen zum Hundertsten kein Wort mehr verloren. Der in den Jahren nach 1989 zum visionären Vorkämpfer des Mauerfalls Verklärte aber dürfte, wenn er denn noch lebte, kaum vergessen haben, wie böse und leider auch wie wahr sein nicht eben in Bewunderung erstarrender Biograf Michael Jürgs den Russland-Feldzug des sendungsbewussten Verlegers charakterisierte: *Als gottgesandter Anwalt der Armen, der armen Ostdeutschen nämlich, und als ein Mann, der wie Franz von Assisi von der Vorsehung dazu bestimmt ist, die träge Welt aufzurütteln, will er aus Moskau mit der Zusage auf Wiedervereinigung zurückkehren.* Er war sich seiner Sache ganz sicher. Mehr als eineinhalb Jahren brauche es nicht. Alles ganz einfach. Aber des wohlwollenden Beistands der Sowjetunion *als große, vermittelnde Weltmacht* bedürfe es schon. Ob man sich nicht einigen könne? Um seine guten Absichten zu untermauern, leugnet er nicht einmal die *sozialen Tatbestände in der DDR*.

Es ist kaum fassbar, Springer schreibt ohne Gänsefüßchen! Er spricht von Tatbeständen, was de facto einer Anerkennung gleichkommt, obwohl er den SED-Staat doch eigentlich als ein System der Sklaverei begriff, *das sich vom Nationalsozialismus nur durch Namen und Couleur unterscheidet.* In seinen Blättern, selbst in den gemäßigten wie dem *Hamburger Abendblatt,* liest man nur von »Pankow« oder eben von der Sowjetzone. Springer aber spricht in seinem knappen Fünf-Punkte-Papier artig von der *Regierung der DDR.* Just dies ihm so verhasste Phänomen will er nun *mit dem in der Bundesrepublik gültigen Wirtschafts-, Sozial- und Schulsystem* zusammenzuführen. Und das höchst konkret: Von Pirna bis nach Pirmasens wird künftig nur noch in harter Währung, also in D-Mark bezahlt. Da dies nicht einfach sei, gelte es *für einen reibungslosen Ablauf* der Aktion Einheit, sich der Kirche, des Rundfunks und – so der selbstlose Vorschlag des Mannes, der schon Ende der Fünfziger das Gros der Berliner Zeitungen kontrollierte – der tätigen Mithilfe der Presse zu vergewissern.

Das Ende der ziemlich blauäugigen Aktion, die selbst in den ihm sonst so gewogenen Bonner Regierungskreisen für Hohn und Spott sorgte, ist hinreichend bekannt. Ja, Chruschtschow hat den gesamtdeutschen Drängler und seinen politischen Mentor Hans Zehrer, den Chefredakteur der »Welt«, nach langem Hinhalten empfangen, wenn auch nicht, wie von Springer erhofft, ehrenvoll im Kreml, sondern, weit profaner, im Präsidium des Zentralkomitees der KPdSU. Vor allem aber nicht von gleich zu gleich, sondern als Skribenten aus dem Lager des Klassenfeindes, denen der oberste Genosse der Sowjetrepubliken – in einer nach Wochen der Bittstellung gewährten Audienz – zuvor schriftlich eingereichte Fragen beantwortete – und eine Abfuhr par excellence in die Feder diktierte.

Ich möchte Sie, meine Herren, bitten, den westdeutschen Zeitungslesern auszurichten – und dann durfte der ob seiner Temperamentsausbrüche berüchtigte Kahlkopf ohne nennenswerte Unterbrechung Propaganda verbreiten: dass die DDR ein souveräner Staat sei – und, nebenbei gesagt, der bessere der beiden deutschen ... *in der Bundesrepublik ist im Gegensatz zur Deutschen Demokratischen Republik die Wehrpflicht wieder eingeführt.* Dass diese aber, seit einer Änderung der DDR-Verfassung 1955, auch dort in Vorbereitung war, schien den

Gästen am Tische Chruschtschows entfallen. Wäre ja zumindest einen kleinen Einwurf wert gewesen.

So aber nahm der langatmige Sermon seinen Lauf. Ja, der Wunsch nach Wiedervereinigung werde im friedliebenden Kreml durchaus ernst genommen. *Wir, die russischen Kommunisten und Marxisten-Leninisten, haben immer das Recht der Nationen auf Selbstbestimmung und die Bildung selbstständiger nationaler Staaten verteidigt.* Folglich aber könne auch die deutsche Einheit von den beiden souveränen Staaten, von Bonn und Berlin, verhandelt werden, was natürlich die für Springer nie und nimmer vorstellbare völkerrechtliche Anerkennung der DDR vorausgesetzt hätte. Zum Schluss durfte der Mann aus Moskau, zu den zwei Weltenbummler gewandt, auch noch *die Einstellung einer übelwollenden Propaganda* fordern.Die Stichwortgeber aus Deutschland bedankten sich artig: *Entschuldigen Sie, daß wir Ihnen so viel Zeit genommen haben.* Die »Welt« musste das Ganze drucken. Springers Mission fürs Vaterland endete in der Bleiwüste.

Nein, das war nicht einmal ein Gedankenaustausch, das war ein Rapport. Eine Demütigung, wie sie für den Welten-Retter grausamer kaum hätte sein können. Er hat sich vor aller Welt vorführen lassen. Hans-Peter Schwarz, der Historiker und Springer-Biograf, nicht ohne Sympathie für das Objekt seiner Forschung, brandmarkt den Ausflug nach Moskau mit nur einem vernichtenden Wort: *unprofessionell* sei das Ganze gewesen. Seinen Lobrednern ins Stammbuch geschrieben: Nicht jeder, der aus Sorge um Deutschland von der nationalen Einheit träumte, den Iwan zum Teufel wünschte und Berlin irgendwie hauptstadttauglicher fand als die Beethovenstadt Bonn, ist darum gleich ein Dickbrettbohrer, ein schwergewichtiger Vordenker konkreter Utopie.

Ein Resümee zum Hundertsten sollte, ohne die unternehmerische Leistung des Jubilars zu schmälern, tunlichst nicht verschweigen: so erfolgreich und stets Neuland gewinnend er als Begründer eines Zeitungsimperiums war, so seismografisch genau – und profitabel! – er die Sehnsüchte und Ressentiments des Käufers am Kiosk erfasste, so lautstark und unversöhnlich er seinem Leiden an der deutschen Teilung Luft machte (und sich bisweilen vehement für verfolgte DDR-Dissidenten einsetzte), so virtuos er sich auf die Kunst des Strippenziehens verstand, lange Reden hielt, sorgenvoll und wortreich mit Päpsten, Präsidenten und Kanzlern korrespondierte: Axel Springers Versuche, dem eigenen Schatten zu entkommen und als politisch wegweisende Lichtgestalt, als die er sich sah, in Erscheinung zu treten, endeten zumeist im Desaster.

Mitte der Siebzigerjahre hat er noch einmal einen Anlauf genommen. Als Spiritus Rector und spendabler Finanzier einer Patrioten-Partei, die sich rechts von der CDU positioniert hatte. Rund eine Million D-Mark hat Springer in den »Bund Freies Deutschland«, kurz BFD, investiert. Das Logo der vom ZDF-Ultra Gerhard Löwenthal, des Verlegers Kampfkolumnisten Matthias Walden, aber auch von Franz Josef Strauß unterstützten Bewegung hatte die drei Initialen zu Säulen des Brandenburger Tores geformt. Das war sichtbares Programm: Das Portal am Pariser Platz gehört uns! Widerstand also gegen die von Brandt begonnene, von Helmut Schmidt fortgeführte Entspannungspolitik. Gegen die Anerkennung der Oder-Neiße-Grenze. Gegen die Bölls und Niemöllers, kurzum: gegen alles, was rot schien, in Westberlin, in der ganzen Republik.

In einem von Springer und seinem Hofchronisten Matthias Walden maßgeblich mitverfassten Programm, schwarz-rot-gold-umrandet, dem »Berliner Manifest«, waren die Ziele abgesteckt, die dem Selbstverständnis von BILD und BZ frappierend glichen, *einer bisher schweigenden Mehrheit Gehör zu verschaffen*. Also werden die Verstärker kräftig aufgedreht. Die Verträge von Warschau und Moskau: Machwerke *der sogenannten »Neuen Ostpolitik«*, die nicht einmal vor *der umfassenden Anerkennung der Unrechtsbestände deutscher Teilung* zurückschreckt und so *die permanente Bedrohung der Existenz Berlins unheilvoll* verschärft. Die Sozis sind böse, der Iwan war es schon immer, und das Vaterland, das ist ein Gomorrha, *von zügellosem und sittlichem Verfall* ebenso bedroht wie von sozialistischer Gleichmacherei, die vor dem Recht auf Eigentum nicht Halt macht. Aber, so lesen wir in dem zwanzig Thesen umfassenden Bürger-Appell, *eine Verteilung der Unternehmer-Gewinne nach den Regeln einer mißverstandenen Gerechtigkeit würde für jeden Einzelnen nur einen kaum nennenswerten Betrag erbringen.* Wozu also Springer enteignen?

Einmal hat sich der BFD gar einem Plebiszit gestellt. 1975 bei der Wahl zum Berliner Abgeordnetenhaus. Auch wenn sich Springer selbst im Wahlkampf demonstrativ zurückhielt, haben BILD, BZ und die »Berliner Morgenpost« kaum überhörbar für die Bewegung des ihren getrommelt. Aber es half nichts: Die Partei der schweigenden Mehrheit erzielte gerade 3,4 Prozent und verfehlte mit Aplomb den Einzug ins Schöneberger Rathaus. Ihre knapp 47.000 Stimmen freilich trugen entscheidend dazu bei, dass nicht der CDU-Kandidat, der eben aus RAF-Gefangenschaft freigepresste Peter Lorenz, sondern Amtsinhaber Klaus Schütz zum Regierenden Bürgermeister gewählt wurde. Danach sind die Rechtsausleger niemals wieder angetreten. Die »Springer-Partei«, wie sie flapsig hieß, ging den Gang alles Irdischen und löste sich auf.

Zum Politiker von Format hat es schlicht nicht gereicht. Das erkannte der kluge und mitunter sarkastische Kurt Biedenkopf schon 1974, als der

Großverleger sein Engagement für den BFD öffentlich machte. *Es ist wieder einmal Herr Springer, der alles kaputtmacht. Wir müssen uns von Springer und der Politik seiner Blätter distanzieren. Der Mann ist schädlich.* Man staune: Der CDU-Generalsekretär, ein Verfechter der freien Wirtschaft, und die deutsche Linke, schienen, sobald es um das Feindbild Springer ging, in bemerkenswerter Eintracht vereint. »Der Mann ist schädlich«? Die APO-Studenten haben Ähnliches in Reimform skandiert: »Haut dem Springer auf die Finger!« Oder, ein wenig deutlicher noch: »Springer-Presse, halt die Fresse!«

Er war gehasst und gefürchtet, sah sich angesichts seiner geballten Medienmacht zum überdimensionierten Popanz, zur leibhaftigen Gefahr für das demokratische Gemeinwesen aufgeblasen … und manchmal wurde der reiche, widersprüchliche Mann mit der hohen Baritonstimme ob seines holzschnittartig-schlichten Weltbilds auch einfach nur belächelt. Geachtet aber wie seine gewiss auch streitbaren Kollegen Augstein, Bucerius oder Nannen, war Axel Cäsar Springer nie. Seine gern blumig gehaltenen Auftritte im Namen der Freiheit, ob nun als Unterhändler in Moskau oder als Parteifinanzier in Berlin, ob als vehementer Opponent der Ostverträge, die er, bevorzugt bei Auftritten vor den Vertriebenenverbänden, mit dem *Ausverkauf Deutschlands* gleichzusetzen pflegte, oder als meinungsmächtiger Kontrahent der 68er: sie alle liefen letztlich ins Leere. Willy Brandts Politik der Entspannung hat sich als ein wegweisender Meilenstein in Richtung Einheit erwiesen. Und der emanzipatorische Geist der APO ist längst in der bürgerlichen Gesellschaft angekommen, und das nicht erst, seit im katholischen Bayern ein Familienvater mit einer außerehelich gezeugten Tochter die Geschicke des Freistaats bestimmt.

Letztlich hat Springer keine einzige der von ihm mit viel Sendungsbewusstsein angezettelten Kampagnen erfolgreich zu Ende gebracht. Eben dies unterscheidet ihn – das tut weh, wenn am Hundertsten ultimativ Lebensbilanz gemacht wird – vom gern mit intellektuellem Hochmut (gelegentlich gepaart mit klammheimlicher Bewunderung) gescholtenen Kai Diekmann. Der Bewunderer des Poptitans und des Pontifex hat in der Causa Wulff mit einem dreisten Bubenstück gezeigt, wie man als Protagonist des Boulevards die politische Landschaft der Republik verändert. Mit präziser, schmuckloser Recherche – und mit reichlich Mut zur Provokation. Zunächst die Dokumentation eines dubiosen Privatkredits, einer ziemlich dreisten Dehnung der Wahrheit vor dem Landtag in Hannover. Dann, über die Festtage, eine kurze, gnädige Pause. Dann der Paukenschlag, die diabolisch- geschickt über zwei gänzlich seriöse Blätter – die »Süddeutsche« und die »Frankfurter Allgemeine Sonntagszeitung« – gestreute Meldung, der erste Mann im Staat, vordem, als niedersächsischer Ministerpräsident, vom Springer-Boulevard mit immer neuen Homestories hofiert, habe zornentbrannt gegen die geplante Berichterstattung von BILD interveniert – auf der Mailbox des Chefredakteurs. Wo denn auch sonst?

Nein, der weiland wirkende Bundespräsident ruft nicht den Presserat an, er, der erste Mann unseres Staats, sucht, wenn auch vergeblich, den direkten Draht zu Diekmann, den er – vermutlich nicht zu Unrecht – für einflussreicher hält als sich selbst. Quälend lang schleift der den ertappten Sünder nun am Nasenring über die Politbühne Berlins. Er habe doch gewiss nichts dagegen, wenn BILD – im Sinne der Aufklärung, versteht sich – den Wortlaut der Wulffschen Zornessuada veröffentliche. Der prompte Einspruch kam nicht eben überraschend, was die Chefredaktion *selbstverständlich respektiert*, aber staatstragend bedauert. Diekmann kann es sich leisten. Was ist der oberste Repräsentant unseres Gemeinwesens gegen den Herrn über rund zwölf Millionen BILD-Leser? Was ist Schloss Bellevue gegen das Springerhochhaus? Die Enkel, zumindest ihr mächtigster, haben im Winter 2011/12 geschafft, wofür der Gründer des Imperiums ein Leben lang vergebens rackerte. Sie schreiben Geschichte. Und zelebrieren ihren Triumph über Wochen. Christian Wulff muss gehen – und Axel Cäsars letzte Witwe, Friede aus Föhr, wird, welch bittere Ironie der Geschichte, nicht einmal zwei Monate vor der Feier zum Säkulum, als Abgesandte der Berliner CDU auf der Bundesversammlung den Nachfolger wählen.

Der Himmel war dem frommen Verleger gnädig, von dem es heißt, er habe am Ende seines Lebens mit dem Gedanken gespielt, sich in ein Kloster zu verziehen. Er hat all das nicht mehr erlebt. Keine Selbstrückschau zum Hundertsten. Axel Cäsar Springer ist tot, mit 73 Jahren verstorben, und ruht seit dem Herbst 1985 auf dem Waldfriedhof Nikolassee. Bei der Beerdigung haben die Schöneberger Sängerknaben, erinnert sich ein Weggefährte, der Journalist Claus Jacobi, einen Choral nach der Bergpredigt angestimmt: *Selig seid Ihr, wenn Euch die Menschen um meinetwillen schmähen.*

Das Medienimperium, das er geschaffen und mit Expansionsdrang nach ganz Europa ausgebaut hatte, war ihm lang schon fremd geworden. *Ich bin ein Poet und Träumer,* sagt er an einem regnerischen Novembertag des Jahres 1980 zu einem ganz Großen seines Metiers, dem ZEIT-Journalisten Ben Witter, dessen Vorliebe es war, mit Prominenten spazieren zu gehen und im Anschluss daran kleine Gesprächsprotokolle zu verfassen, die es bisweilen in sich hatten.

Der passionierte Flaneur darf den Millionär in seinem hochgesicherten Herrenhaus auf Schwanenwerder abholen. *Der Butler hatte ein gleichmäßig durchfurchtes Gesicht. Er half uns in die Mäntel.* Sie streifen am Wannsee entlang. *Um auf dem Weg zu bleiben, mußten wir dicht nebeneinander gehen.* Das vertieft die Vertrautheit. Geradezu fürsorglich erkundigt sich Springer nach dem Befinden seines Gegenübers. *Sind Ihre Haare trocken?* Die beiden kennen sich lang. Über fünf Stunden verbringen sie miteinander. Erst in freier Natur, später dann an Springers Kamin. Es ist ein behutsam geführtes Gespräch. Hinter dem von unternehmerischen Erfolg Verwöhnten liegt ein schreckliches Jahr. Im Januar haben sie seinen ältesten Sohn Axel, der unter dem Pseudonym Sven Simon ein weltberühmter Fotograf wurde, tot auf einer Hamburger Parkbank gefunden. Der 38-Jährige hat sich mit dem Revolver erschossen, dem schon lang in christlicher Mystik Trost suchenden Vater nicht einmal einen Abschiedsbrief hinterlassen. *Nun habe ich Axel ganz bei mir. Durch meinen Glauben ist die Nähe vollständig.*

Auf diesem vernieselten Männerspaziergang will der Medien-Tycoon, so scheint es, etwas offenbaren. Eine Konfession, die in die Welt muss. Die Schlachten der vergangenen Jahrzehnte haben Wunden hinterlassen, deren Schmerz keine erfreuliche Jahresbilanz, kein bedeutsames Rotorengedröhn des Privathelikopters zu betäuben vermag. Anerkennung, gesellschaftliche Reputation kann selbst ein Kerl wie er nicht kaufen. Sein Name ist verbrannt.

Der hat Beigeschmack. Das Gros der namhaften Intellektuellen und Schriftsteller des Landes boykottieren seine Zeitungen, *weil er die Leser betrügt, wenn er behauptet, überparteilich und unabhängig zu sein.* Den Aufruf »Wir schreiben nicht für Springer« unterzeichnen keineswegs nur die üblichen Verdächtigen. Böll, Grass, Habermas oder Lenz. Auch ein konservativer Geist wie der Politologe Kurt Sontheimer kündigt seine Mitarbeit.

Kleinkriminelle im Springer-Auftrag hat Günter Wallraff die Journalisten in seinen Redaktionen genannt. Das war, mag sein, justiziabel. Aber hatte der Altmeister tollkühner Scharaden, der sich 1977 für ein Vierteljahr bei BILD Hannover eingeschlichen hatte, wirklich so Unrecht? Europas erfolgreichsten Zeitungsverleger überkommt der große Jammer. *Ich leide wie ein Hund darunter*, gesteht er Witter, als gelte es das Testament eines in seiner Mission Gescheiterten zu formulieren, *daß manches in meinen Blättern steht, womit ich überhaupt nicht einverstanden bin. Und wie oft leide ich, wenn ich morgens die Bild-Zeitung lese. In hunderten von Briefen beschwor ich die Chefredaktion, alles zu unterlassen, was gegen die Würde des Menschen verstößt.*

Die Botschaft ist bei den Seinen angekommen. Die der Menschenjagd Geziehenen haben bei der ungewohnten Lektüre der ZEIT Zeter und Mordio geschrien, mit Pathos den Verrat durch ihren Herrn beklagt: die verlorene Ehre der Gosse. *Heute war für uns der schlimmste Tag, seit wir bei »Bild« sind. [...] Schwerer als die Tage von 1968, als »Bild«-Redakteure Sie und unsere Zeitung gegen Steine, Haß und Verleumdung verteidigten. Schlimmer auch als die Tage, an denen Wallraff Kübel von Schmutz und Lügen über uns ausgoß.* Springer, *der Feigling an der Spitze des Hauses,* wie ihn sein Biograf Jürgs nennt, rudert prompt zurück: Alles nicht so gemeint! Er hält keinen Gegenwind mehr aus. Lieber knickt er ein. An Ben Witter aber, der ihn auf nur einer Druckseite in seiner Zerrissenheit zwischen Großmannssucht und abgründiger Verzweiflung kongenial erfasste, schickt er einen herzlichen Adventsgruß. *Ich danke noch einmal für das Portrait.*

2. Intermezzo in den Schweizer Bergen

DAS JAHR HÄTTE kaum anmutiger beginnen können. Glasklarer Himmel. Fernsicht bis auf den Wildstrubel hinauf. Die Alpenkette rund um Rougemont ist tief verschneit, als ein junger Architekt auf die zuvor sorgsam mit Fell umwickelten Skier steigt, um, begleitet von seiner großen Jugendliebe, die Reinheit der stolzen helvetischen Gipfel zu bewahren. Wie oft hat ihn die Freundin mit den grünen Augen als kleinbürgerlichen *Stubenhocker* verspottet, der immer und ewig nur zaudere. Nun aber wird er endlich zeigen, was lang schon in ihm schlummert: ein ganzer Kerl, ein *Untergrundpionier*. Jetzt, an diesem 5. Januar 1975, ruft der Dienst am Vaterland. *An einem schönen Sonntag im Kalten Krieg habe ich oben auf einem Schweizer Berg Axel Caesar Springers Chalet in Brand gesteckt.*

An diesem schönen Sonntag verschafft er sich mit Axt und Brecheisen Zutritt zu dem entlegenen Feriendomizil, einige Kilometer abseits von Gstaad, der höhenluftumwehten Steuer- und Urlaubsoase. Der Hausherr ist abwesend. Nicht einmal Personal bevölkert das mit Granitstein gemauerte, *hochmütige Bauwerk*, das ihn *mehr an die Bergstation einer Seilbahn* erinnert *als an ein Refugium, das man aufsucht, um über die Geschicke der Welt nachzusinnen.* Immerhin, aufs schieferne Dach hat sich der in Gottesfurcht lebende Eigner ein weithin sichtbares Glockentürmchen gesetzt, um dort, fernab der geteilten Heimat, seinen inneren Frieden zu finden. Die Selbsteinkehr wird ihm das brandschatzende Pärchen ein für allemal vergällen. Die junge Frau, mit Fernglas und Trillerpfeife bewaffnet, steht Schmiere vor der gepanzerten Haustür, derweil der Freund drinnen die Gardinen und Decken aus der guten Stube zum Fidibus macht.

In einem kriminologischen Lehrbuch hat er sich in die Finessen der Pyrotechnik eingelesen. Alles wird sorgsam mit Brandpaste verkleistert. Zuletzt entzündet er zwei rote Kerzen. Die sollen, die werden beim Niederbrennen an einem Punkt das große Feuer entfachen. Gründliche Arbeit. Die Residenz des Verachteten aus der Fremde brennt bis auf die Grundmauern nieder. Die Polizei argwöhnt, die ruchlose Tat habe Methode. Da wollen Feuerteufel einem geistigen Brandstifter das Handwerk legen. 18 Monate zuvor hatte am Sylter Watt – keineswegs durch Blitzschlag! – das Reetdach des »Klenderhof« in Flammen gestanden, die »Springerburg«, die Kampener Nobelherberge mit eigenem Hubschrauberlandeplatz. Hier wie dort scheinen Gesinnungstäter – ver-

Auf dem Chalet in den Schweizer Alpen durfte der Glockenturm nicht fehlen

mutlich dieselben! – das perfekte Verbrechen zu verüben. Auch im Berner Oberland sind sie unerkannt entkommen. Keine Spuren im Schnee. Alles zerstört. Springer, der, wie die Fahnder, von einem terroristischen Anschlag auf seine Person ausging, hat vor einem verbliebenen Mauerrest eine kupferne Gedenktafel anbringen lassen, auf der ein Spruch seines Hausmystikers, des Schweizer Einsiedlers Nikolaus von Flüe, verewigt ist. »Was die Seele für den Leib ist, ist Gott für den Staat. Wenn die Seele aus dem Körper weicht, dann zerfällt er. Wenn Gott aus dem Staat vertrieben wird, ist er dem Untergang geweiht.« Von Alpengipfeln umkränzt eine letzte Kampfansage an die ungläubigen Feinde der bestehenden Ordnung. Dann wird die Akte des Falls, der viel Aufsehen erregt hat, für immer geschlossen.

Sage und schreibe 31 Jahre hat Daniel de Roulet, der mit Literaturpreisen wohldekorierte Autor aus Genf gebraucht, bis er sich 2006 in einem kleinen, sehr emotionalen Erinnerungsbuch an einen *Sonntag in den Bergen*, die Geschichte seiner fatalen Winterwanderung von der Seele schrieb und zu seinem strafrechtlich lang schon verjährten Brandanschlag in der Schweiz bekannte. Die Geliebte, die ihn damals angestachelt hat, war einige Monate zuvor gestorben. Eine letzte Blume am offenen Grab. Jetzt muss er keine Rücksicht mehr nehmen. Jetzt darf, jetzt wird er sein Schweigen brechen.

Nein, vom brennenden Palast auf der Nordseeinsel Sylt habe er nicht einmal gewusst. Er hat, das ist ihm wichtig, einzig das Chalet in den Berner Alpen auf dem Gewissen, dieses fürwahr bizarre Verbrechen. Bis heute gibt es Skeptiker, die ihm sein Geständnis nicht abnehmen wollen. Zu unglaublich scheint das Ganze. Wo ist das plausible Motiv? In der Schweiz gab es, de Roulet sagt es selbst, nicht einmal eine nennenswerte Studentenrevolte. *Nur ein paar heroische Bergsteiger hissten Vietcongfahnen auf den Türmen unserer Kathedralen.* Aber vor allem, was hat Springer ausgerechnet den Eidgenossen angetan? Die sind mit dem »Blick« genug gestraft. Hinter der helvetischen Variante von BILD aber steckt der heimische Ringier-Konzern. Das macht alles keinen Sinn.

Oder doch? Da war so ein vages Bauchgefühl, das de Roulet, aus dem Abstand, nun freiheraus benennt. Springer sei *das Symbol des Kalten Krieges schlechthin* gewesen. Die Freundin mit den grünen Augen erinnert sich dumpf an den Namen Dutschke. Aber ja doch, sie habe *den Rudi* gemocht. *Springer hat ihm übel mitgespielt.* Doch der großmächtige Verleger hat noch weit mehr auf dem Kerbholz. Die zwei verliebten Aktivisten jedenfalls verbinden mit seinem Namen all das, *was uns in Deutschland an die Nazizeit erinnert.* Nach vollbrachter Tat habe er *klammheimliche Freude* verspürt, wird der Autor im Interview zum Erscheinen seines Sühnebuches sagen, *dem vermeintlichen Nazi eins ausgewischt zu haben.* Viel Konkretes über Springer habe er damals freilich nicht in Erfahrung bringen können.

Aber ein paar Monate vor dem Anschlag hat er einem Kneipengespräch entnommen, dass sich *dieser Fettwanst* im Sommer seinen Champagner mit dem Jeep hoch ins Chalet liefern lasse. Im Winter mit dem Helikopter. Der aus Berlin zugezogene Almhüttenvater evoziert Klassenhass und rabiaten Patriotismus. *Wir haben hier zwei Sorten von Ausländern, die, die beim Bau unserer Tunnel und Alpenstaudämme verrecken, und die, die sich unsere Berge kaufen. Raus mit den Nazis und Dritte-Welt-Ausbeutern, die unsere herrlichen Alpen als Schlupfwinkel missbrauchen.*

Fettwanst, Schinder der Dritten Welt und Nazi natürlich: Der mächtige Medienmann, 1912 im einst preußischen Altona geboren, scheint die Inkar-

... zurück blieb eine Brandruine

nation des Bösen. Ein Feindbild lebt nun einmal von seiner grellen Überzeichnung. Je mehr es sich aufblähen lässt, desto größer erscheint die Bedrohung, der es sich zu erwehren gilt. Die in Vietnam massakrierenden US-Soldiers waren weit weg. Der Zorn über die Napalm-Invasion im Mekong-Delta konnte sich allenfalls an ein paar Amerika-Häusern entladen. Springer aber schien greifbar. Als leibhaftige Provokation, als Eigner missliebiger Blätter, als kapitalistischer Großkotz, der seine Privatresidenzen über halb Europa verteilte. Er war die ideale Hassgestalt, die Unperson einer ganzen Generation. Da zählten keine biografischen Finessen: dass der eitle, in festem Glauben an sich und die eigene Mission ruhende Golfspieler nicht adipös, sondern eine eher sportliche Erscheinung war; dass er seine gelegentlich mit rüdem Expansionsdrang verfolgten Geschäfte nahezu ausschließlich nicht in Asien oder Afrika, sondern in der ersten Welt, zumeist in Deutschland zu tätigen pflegte ... und, bei allem, was man ihm nachsagen kann, niemals ein Parteigänger Hitlers gewesen ist. Dessen Horden waren ihm, dem Snob seit jungen Jahren, früh schon vernarrt in feines englisches Tuch, allein schon ästhetisch zuwider.

Aber es gab da einen kleinen braunen Flecken auf seiner Weste, über den das Gros seiner Biografen geflissentlich hinwegsah. Die junge Frau hieß Martha Else Meyer. Im Sommer 1930 ist die Tochter eines Hamburger Baumeisters dem 18-Jährigen Zeitungsvolontär Axel begegnet. Ein unschuldiger Spaziergang an der Alster. Für beide war's die erste große Liebe. Die Romanze blieb nicht folgenlos. Im Frühjahr 1933 wird die Freundin, die er Baby nennt, schwanger. Im November ist, gerade noch rechtzeitig, Hochzeit. Die Tochter heißt Bärbel. Die elende und sehr deutsche Geschichte von Springers erster Ehe wäre beinah vergessen, hätte sich 2007 nicht die »taz«-Journalistin Katja Strube auf die Spuren von Martha Else Meyer gemacht. Da war sie bereits eine alte, gebrechliche, vom baldigen Tode gezeichnete Dame – und die kurze Liebesverbindung mit dem Jungredakteur Springer lang schon Geschichte. Keine zwei Jahre nach der Heirat hat sie in seinem Anzug ein Foto gefunden. Das Bild einer anderen Frau.

Junges Glück mit großem Auto:
Axel Springer und seine erste Frau Martha Else, 1933

Die Szene unter den Eheleuten war gewiss bühnenreif und ist doch nur ein kleiner Teil des Dramas, das folgte. *Martha Else Meyer gibt es nicht mehr*, schreibt Strube lakonisch, *sie hat ihren Namen geändert, als habe sie sich lossagen wollen von der Vergangenheit. Sie nennt sich Dicky Funke. […] Dicky hat man sie immer genannt, auch wenn sie dünn ist wie eine Gerte, und Funke, das war der Name ihres zweiten Mannes.* Martha alias Dicky hatte das Pech, Tochter einer jüdischen Mutter zu sein. Ein Fall für die Nürnberger Rassegesetze. Bald ist sie de facto vogelfrei, ausgegrenzt vom öffentlichen Leben. Ihr Mann, erinnert sich die erste Frau Springer, hätte sie *am liebsten in die große Standuhr eingesperrt und abends wieder rausgeholt*. Das konnte auf die Dauer nicht gutgehen. Und der Twen tut, was damals nicht wenige taten: Er trennt sich, beendet die zur Blutschande erklärte Liaison. *Bin 1938 auf Befehl Joseph Goebbels im Amtsgericht Altona geschieden worden*, schreibt Dicky Funke im Dezember 2005 in einem Brief, *ein Schriftleiter darf nicht mit einer Halbarierin verheiratet sein.* Der adrette Axel ehelicht bald darauf das Mannequin Erna.

Als der Krieg zu Ende ist, müht sich der Treulose um Wiedergutmachung. Er sucht und findet seine alte Jugendliebe, er unterstützt sie mit einer monatlichen Apanage, er beschafft ihr eine Lektorenstelle beim »Hamburger Abendblatt«, wo sie über Jahrzehnte die Fortsetzungsromane betreut. Spät, als Springer lang schon tot ist, publiziert sie ihre Memoiren im Selbstverlag. Die sechs Auflagen des über weite Passagen in versöhnlichen Reimen gehaltenen Werks schwanken zwischen 50 und zuletzt 13 Exemplaren. Erinnerungsstücke für Freunde, Kinder und Enkel. Über Axel fällt kein böses Wort. *Mensch mit dem größten Herzen* nennt sie den ersten Kavalier ihres Lebens, dessen Namen sie allerdings beharrlich verschweigt. Aber sie scheint sich gern und mit viel Sentiment zu erinnern an das *Magnetfeld der ersten Liebe, aus dem es kein Entrinnen gab. Keiner dachte je aufzugeben. Diese Liebe ließ uns über alles erheben, war wie ein Schweben auf samtenen Wellen, himmelhochblau.*

Ob Springers später gern staatsmännisch formuliertes Credo für Israel, seine beharrlich artikulierte Abscheu vor dem Nationalsozialismus, den er mit den gesellschaftlichen Verhältnissen in der DDR oder in der Sowjetunion in schlichter Analogie gleichsetzte, tatsächlich einzig politische Wurzeln hatte, im Wesen eines lebenslangen Freiheitskämpfers begründet war? Oder rührte sich da, was gewiss nicht unehrenhaft gewesen wäre, ein ziemlich schlechtes Gewissen? *Das Unaussprechliche, das im Namen des deutschen Volkes geschah,* hat er einmal in Jerusalem gesagt, *kann nicht ungeschehen gemacht, nicht »bewältigt« werden. Was bleibt, ist nur eines: die historische Chance zu nutzen, die der Herr der Geschichte offensichtlich meinem Volk eingeräumt hat. Sie heißt: Dem Staat Israel fest durch alle Fährnisse zur Seite zu stehen.*

Schade ist es schon, dass Springer zwar die historische Chance der Aussöhnung mit dem Staate Israel inbrünstig beschwor und tatkräftig unterstützte, die persönliche Chance aber verstreichen ließ, von dem eigenen kleinen Kotau vor dem Antisemitismus der Nazis zu berichten. Das Schicksal der Jüdin Martha Else Meyer hat er in keiner öffentlichen Rede erwähnt. Und schon gar nicht die Mitverantwortung, die er daran trug. Und doch: Ein glühender Anhänger Hitlers ist er niemals gewesen.

Die Nazis hatten Hinrich, dem Vater, der ein Druckhaus besaß und die »Altonaer Nachrichten«, später die »Hamburger Neueste Zeitung« verlegte, 1941, wenn auch gegen eine Ausgleichszahlung, die Konzession entzogen. Spätestens da vollzog sich der endgültige Bruch mit dem Regime.

Aber lässt sich ein gefürchteter wie verachteter Medienmonopolist trefflicher stigmatisieren als mit dem altbewährten Nazi-Schwein-Etikett? Auch die DDR-Propaganda hat Springer, wovon zu reden sein wird, immer wieder ein dickes braunes Bonbon ans Revers geklebt. Mit so einem Kainsmal lässt sich jeder verketzern – und letztlich alles verklären: ein Feuerteufel zum Widerstandshelden, ein Akt blindwütiger Selbstjustiz zum hehren Gefecht im antifaschistischen Kampf. Flammen symbolisieren bekanntlich schon in der Bibel die Ankunft eines Strafgerichts von alttestamentlicher Strenge.

Springers Chalet hat den jungen Daniel de Roulet augenblicklich an Hitlers Refugium am Obersalzberg erinnert. Die Kommandosache Springer heißt fortan *Operation Berchtesgaden*, in die 1975 viel Blut und Boden, viel völkische Gesinnung eingeströmt ist, wie der Brandstifter von einst nicht ohne Augenzwinkern bekennt. *Wir waren von den Arbeitermassen Europas damit beauftragt worden, über die Reinheit der Gipfel zu wachen. Im Kampf gegen die Nazischweine hatte das Volk uns mit einer historischen Aufgabe betraut. Wir bildeten eine nicht erklärte, aber umso rachsüchtigere außerparlamentarische Opposition. Diesen Galgenvögeln würden wir die verborgenen Nester ausräuchern.*

In seiner Reminiszenz an einen folgenreichen Skiausflug leistet der Schriftsteller späte Abbitte. Er entschuldigt sich öffentlich – und auch privat bei der Witwe. Er stiftet seine Bucheinnahmen an die Brandschutzversicherung, die den abgebrannten Verleger damals entschädigte. Eine kleine, freundliche und hilflose Geste. Daniel de Roulet ist mittlerweile über sechzig. Seiner alten Freundin hat er beim letzten Treffen vor ihrem Krebstod gesagt, *dass wir uns damals das falsche Ziel ausgesucht haben, dass dieser Kerl gar kein Nazi war, wie wir angenommen hatten. Dass unsere Aktion also in gewisser Weise umsonst war.*

3. Das Tribunal

DIE ZIELE DER Streitsache waren nicht eben bescheiden. Mancher hat vielleicht gar schon von einem historisch bedeutsamen Friedensschluss zu Kreuzberg geträumt. Doch am Ende haben sich die Parteien, wie so oft bei schwergewichtigen Verhandlungen, schon über dem Kleingedruckten zerstritten. Über den Ort des Verfahrens. Über die Zulassung der Öffentlichkeit. Über die Frage, wer denn als Erster von jenem Schauprozess berichten dürfe, den der Vorstandsvorsitzende der Springer AG in einem geradezu tollkühnen Vorstoß angestrengt hatte. Er wollte ein Feindbild auf den Prüfstand stellen, das der intellektuellen Elite, ja weiten Teilen des aufgeklärten Bildungsbürgertums der Republik, über Jahrzehnte hinweg so unantastbar war und ist wie in der katholischen Kirche das Dogma von der Unfehlbarkeit des Papstes. Das Feindbild Axel Cäsar Springer.

Wir möchten wissen, wie es wirklich war, wie die Fronten in den 68er-Schlachten tatsächlich verliefen, erklärte im Juli 2009 ein, wie es schien, zu selbstkritischer Reflektion entschlossener Konzernchef Mathias Döpfner, der gerade – wir nehmen einmal an: topfschlagend – seinen fünften Kindergeburtstag gefeiert hatte, als aufgebrachte Studenten vor dem Zeitungshaus die rote Fahne hissten, Steine warfen, Scheiben zum Klirren brachten und die Enteignung des beharrlich aufs Monopol hinarbeitenden Meinungsmagnaten forderten, der wenig Scheu hatte, den verbliebenen liberalen Nicht-Springer-Gazetten des Landes in befremdlicher Diktion *zersetzenden Intellektualismus* zu attestieren. Wie anders als durch Zerschlagung seines Imperiums, insbesondere in der Frontstadt Berlin, ließe sich dieser Mann stoppen? *Die Westberliner Teile des Springerkonzerns,* war 1967 im »Extra-Blatt« zu lesen, dem alternativen Zeitungsprojekt, das trotz generöser Unterstützung Rudolf Augsteins bald zum Scheitern verurteilt war, *müssen im Lebensinteresse unserer Stadt enteignet und einer gesellschaftlichen Kontrolle unterworfen werden. Diese Forderung wird fortan nicht mehr aus der politischen Diskussion in Westberlin verschwinden.*

Da ist, bis heute, viel hängen geblieben. Seit der Zeit der Revolte, der hier wie dort erbittert geführten Schlachten scheint das Verhältnis zwischen Springers Blattmachern, die ihren Kritikern einst SA-Methoden unterstellten, und weiten Teilen der linken oder auch nur liberalen Intelligenz des Landes heillos zerrüttet. Angewidert schaut man auf den Boulevard, der den meisten gleichbedeutend mit der Gosse ist. »Du Bildzeitungsleser!« Kann man ehrabschneidender beleidigen?

Der studentische Krieg gegen Springer damals ging, wie absehbar, dramatisch verloren. Zu ungleich waren die Waffen: Was konnten hektografierte Flugblätter gegen die Rotationsmaschinerie des Klassenfeindes bewirken? Zu weltfern-verblasen war aber vor allem der Anspruch, BZ, »Bravo«, »Twen« oder die beliebte Radio- und Fernseh-Programmzeitschrift »Hörzu«, Seit an Seit mit der Arbeiterschaft, ins gelobte Volkseigentum zu überführen. *BILD macht dumm:* ein schöner Slogan! Aber die Werktätigen lesen das Blatt mit den dicken Balken noch immer. Es ist längst die größte und vermutlich auch mächtigste europäische Zeitung.

Und doch, der Sieg, den der Meinungskonzern in der Schlacht mit seinen erbitterten Gegnern davontrug, hat auch beim Sieger seine Narben hinterlassen. Sie schmerzen, so wie es ausschaut, bis heute. Der Ruf bleibt ruiniert. Schon eigentümlich, der Kalte Krieg ist Geschichte, Vietnam kein Trauma mehr, sondern ein Ziel von Touristen. Deutschland vereint, die Welt seit dem 11. September 2001 grundlegend neu sortiert – das obsessiv gehegte Feindbild Springer aber, auf das die keinen Wasserwerfer scheuenden Studiker in den Jahren 1966 bis 1968 mit geballten Fäusten zeigten, das will nicht verstauben und hat kaum an Wirkungskraft verloren.

Auch Mathias Döpfner, der nun als Springer-Vorstandsvorsitzender den anhaftenden Hautgout so gern entlüftet sähe, hat das recht hautnah erfahren, damals, Mitte der Neunzigerjahre, als er, der Chefredakteur der »Wochenpost«, im Auftrag des Medienunternehmens Gruner + Jahr das Blatt vor dem Untergang bewahren sollte, das in der DDR weiland ähnlich populär war wie im Westen die ZEIT. Da hat er, wie er sich in seinem Essay »Die Freiheitsfalle« erinnert, einmal sein Veto eingelegt gegen einen Artikel über Israelis und Palästinenser, der wohl recht eindeutig für die letzteren Partei ergriff. Ob Döpfner damals Recht hatte oder nicht, spielt keine Rolle mehr. Die »Wochenpost« ist längst untergegangen. Aber der Bannfluch, mit dem die empörte Redaktionskonferenz ihren Chef daeinst zum Aussätzigen erklärte, der verrät viel: *Na, dann gehen Sie doch gleich zu Springer!* Ins Feindesland aller aufrechten Schreiber, dorthin, wo sich der blindwütige Afterjournalismus entleert. Springer, zwei Vokale, sechs Konsonanten, die Chiffre von Hetze und Niedertracht.

Der Kampf gegen Axel Springer ist, im Nachhinein besehen, wohl die erfolgreichste Polit-Kampagne in Deutschland gewesen, klagt ein Mann, der einmal Aktivist einer Frankfurter K-Gruppe war, bekennender BILD-Boykotteur und Mitbegründer des Kommandos »Revolutionärer Kampf«, das an Opels Fließbändern die Arbeiterschaft für ihre Befreiung aus den Zwängen des Kapitalismus zu mobilisieren versuchte. Heute ist Thomas Schmid Herausgeber der »Welt«-Gruppe, einer der Topmanager des Unternehmens. *Es gibt wenig, was so glüht wie Springer,* sagt der gern als Überläufer Verfemte, *die Frage, ob die Friedensbewegung in den Achtzigerjahren ein wenig blauäugig war, lässt sich heute recht offen diskutieren. Für die RAF gilt das nicht minder. Doch beim Thema Springer brechen noch immer die alten Glaubenskriege aus. Allenfalls das Thema Kernkraft ist ähnlich irrational besetzt.*

Schmids Analogie, aus der viel Verletztheit spricht, ist interessant, wenngleich ein wenig schief geraten. Aus der Atomenergie lässt sich immerhin aussteigen. E.ON, Vattenfall und Co. werden vergebens klagen. Die mächtige BILD-Zeitung aber, die so manchen journalistischen Supergau zu verantworten hat, wird, schon aus einem Instinkt des Selbstschutzes, kein Politiker, keine Staatsgewalt stoppen. Dort verbreitet sich mittlerweile selbst Gregor Gysi. Und das ist vermutlich auch gut so. Schlau ist es zumindest. An Kundschaft, an Promis unterschiedlicher Couleur und Valenz, fehlt es den Springerblättern nicht. Nur, die Verachtung, die sich aller Selbstveredelungsversuche, und aller unzweifelbaren Veränderungen im Konzern zum Trotz mit dem Namen des Gründers und vielen seiner Druckwerke bis heute weithin verbindet, scheint der neuralgische Punkt des in ganz Europa expansiv operierenden Medienunternehmens, die Schmach des Hauses Springer. Die Spätfolge einer aufschlussreichen Feindschaft, die auf beiden Seiten, gelegentlich mit infantiler Inbrunst, gepflegt sein will. Bis in unsere Tage.

2007 etwa hat Kai Diekmann, der BILD-Chef, im seriösen Piper-Verlag ein populistisches Pamphlet auf den Markt geworfen, eine Kampfansage an die Gutmenschen und die Hartz-IV-Schnorrer unserer Zeit, an Günter Grass und an Florida-Rolf. Da versucht einer, dem kleinen Mann, dem er lang schon nicht mehr persönlich begegnet ist, aufs Maul zu schauen und wortreich noch das letzte Vorurteil der schweigenden Mehrheit zu bedienen – doch »Der große Selbstbetrug«, diese *polemische Attacke ohne Rücksichten*, dieses *Plädoyer für den gesunden Menschenverstand* ist noch weit mehr. Es ist die vorerst letzte Generalabrechnung mit dem Urfeind des Unternehmens, in dessen Diensten Diekmann nun schon seit Jahren steht.

Im Vorwort eine rhetorische Frage: *Haben die Veränderungen, für die gemeinhin Achtundsechzig steht, also Selbstverwirklichung, Bindungsangst, Kinderfeindlichkeit und Kapitalismuskritik, diesem Land die Zukunft genommen?* 250 Seiten später scheinen wir schlauer zu sein: Ja, natürlich, sie sind es letztlich gewesen. Wer denn auch sonst? Das Erbe der Generation Dutschke hat uns, folgen wir Diekmann, die Werte genommen. Sie ist schuldig an den hässlichen Windrädern und am Verlust des Glaubens, an mangelnder Liebe zum Vaterland, am Fehlen der harten Hand in der Erziehung – kurzum: an allem!

Die – wir räumen ein: gelegentlich mit Witz, Verve und Mut zur Angreifbarkeit formulierte – Strafpredigt eines Mannes, der die Tage der Berliner Straßenschlachten in einer wohlbehüteten Krabbelstube am Bodensee verlebt haben dürfte, zeigt, wie tief die Ressentiments sitzen, selbst wenn sie nicht einmal eigener Anschauung entspringen.

Gewiss, in ihrer politischen Einseitigkeit sind die Springerblätter nicht mehr, was sie einst waren. Mittlerweile wurde gar Heinrich Böll, der einstige Erzfeind, feierlich rehabilitiert, aufgenommen in die große BILD-»Nobelpreis-Bibliothek«, obschon Springer daeinst höchstpersönlich angeordnet hatte, dass die Romane des als Sympathisant des RAF-Terrors verleumdeten Böll Tabu sein sollten in seinen Blättern. Keine Bestsellerliste, in der »Die verlorene Ehre der Katharina Blum« aufgeführt war, durfte dort Erwähnung finden. Nun aber greift Norbert Korzdörfer mächtig in die Leier. *Böll hat Bild nicht geliebt. Aber er ist auch aus der Kirche ausgetreten, obwohl er als Christ starb – vor 26 Jahren.* Alles vergessen, vorbei! Doch wehe, das Thema kommt auf Achtundsechzig!

Genau das hat, als das Buch Diekmanns erschien, Alan Posener erfahren. Auch er, wie Thomas Schmid, ein Linker außer Diensten, der das Lager wechselte. Mit 18 war er dabei auf der zornesbebenden Demonstration des 14. Juli 1968, war Stunden nach dem Attentat auf Rudi Dutschke vors »goldene Hochhaus« gezogen, hinter dessen Glastüren, verteidigungsbereit und vom Freibier ein wenig besäuselt, schon *grimmige Druckereiarbeiter mit schlagbereiten Schraubenschlüsseln* auf die Straßenkämpfer warteten.

Heute hat Posener einen sicherheitscodierten Hausausweis. Er ist bis in den Rang des Chefkommentators der »Welt am Sonntag« aufgestiegen. Er hat manche seiner einstigen Ansichten revidiert und seinen Wandel auch offen benannt. Bei der Lektüre von Diekmanns Tiraden aber ist ihm der Kragen geplatzt. Also hat er dem Autor K. D. im Blog auf www.welt.de um die Ohren gehauen, was er ihm vermutlich schon lang einmal sagen wollte. *Ah ja, klar. Die 68er haben K. D. gezwungen, als Chefredakteur der Bildzeitung nach Auffassung des Berliner Landgerichts »bewusst seinen wirtschaftlichen Vorteil aus der Persönlichkeitsverletzung anderer« zu ziehen. Die 68er zwingen ihn noch heute, täglich auf der Seite 1 eine Wichsvorlage abzudrucken, und überhaupt auf fast allen Seiten die niedrigsten Instinkte der Bild-Leser zu bedienen, gleichzeitig aber scheinheilig auf der Papst-Welle mitzuschwimmen.* Deutlicher lässt sich die Doppelmoral des Konzern-Flaggschiffs schwerlich benennen.

Alan Posener hat, in bester Kommentatoren-Tradition, Klartext gesprochen, pointiert, angreifbar und mutig. Und manch ein Leser wird sich am 9. Mai 2007 die Augen gerieben haben. Unfassbar, dass so etwas heute möglich ist, in einem Konzern, der so oft für seinen Mangel an Meinungspluralität geprügelt wurde. Und der nun, auf einmal, so viel Streitkultur, solch souveränen Umgang mit einem vergifteten Thema beweist. Doch – leider – der gute Geist von Glasnost und Perestroika währte nur wenige Stunden. Dann nahm die »Welt«-Chefredaktion den Text vom Netz. Auch Döpfner hat das couragierte Stück ausdrücklich missbilligt. Dies sei *die Entgleisung eines einzelnen Mitarbeiters*, tat die Verlagssprecherin kund, *der Beitrag ist eine höchst unkollegiale Geste und entspricht nicht den Werten unserer Unternehmenskultur*. Wenn es um die eigenen Belange geht, zumal im Zusammenhang mit dem 68er-Trauma, das man so gern endlich abstreifen würde, wird das nicht eben für die Verwendung von Wattebällchen bekannte Medienhaus bemerkenswert dünnhäutig.

Das allerdings gilt für die Gegenseite nicht minder. Die Zeitläufte haben die Theoretiker, Flugblatt-Schreiber und Straßenkämpfer der APO an die unterschiedlichsten Orte der Gesellschaft getragen. Sie sind ganz groß herausgekommen, in der SPD gestrandet oder wie Rainer Langhans im Dschungelcamp von RTL, Bernd Rabehl im Dunstkreis der

NPD, Horst Mahler wegen brauner Volksverhetzung auf Jahre im Knast – und Fritz Teufel hoffentlich im Himmel.

Sie wurden Gelehrte, Gurus, Journalisten, Poeten oder Minister. Sie stehen für Ziele und Werte, wie sie unterschiedlicher kaum sein können. Aber eines der wenigen Dinge, die sie noch eint, der kleinste und letzte gemeinsame Nenner, ist der über Jahrzehnte kaum abgekühlte Hass auf Springer und seine Gazetten. Die Aura der Gerechtigkeit, die den Kampf gegen Springer umwehte. Der schneidende Geruch nach Tränengas auf den Demos, später dann das Katharina-Blum-, das Hans-Esser-Feeling! Identitätsstiftung, das Amalgam einer Generation. Die letzten Zuckungen einer dahingeschiedenen Revolte. Zeugen der Anklage jedenfalls waren wir alle. Und sind es manchmal bis heute geblieben.

Wir haben damals unter uns eine klare Parole ausgegeben – und die gilt bis heute, sagt Tilman Fichter, als es in Berlin hoch herging: Landesvorsitzender des SDS und nun dessen leidenschaftlicher Chronist, ein aufrechter Kämpfer bis weit ins siebte Lebensjahrzehnt. *Ihr dürft wie ich in die SPD gehen, Ihr dürft, wenn es sein muss, auch für die FAZ schreiben. Für Springer arbeiten aber? No! Diese Blätter werden von uns nicht einmal gelesen!* Von uns? Gibt es, zumindest im erinnerten Kampf gegen den Verleger, dem die rote Revolte die Pest war, noch immer das einende Wir? *Aber ja doch*, sagt

Lautsprecher der „Außerparlamentarischen Opposition", die zu Umsturz und Revolution bläst, ist FU-Assistent Dr. Krippendorf.

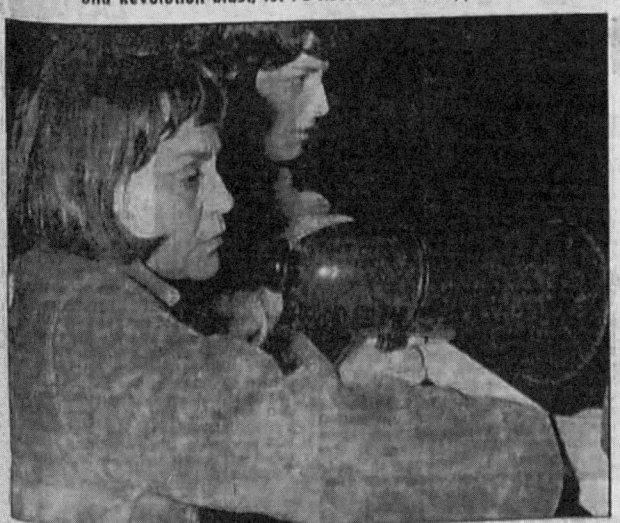

Auch Marianne Regensburger vom RIAS gehört zum antiparlamentarischen „Republikanischen Club" und seinen Parteigängern.

BZ, 14. April 1968

Namensvetter Tilman – und schaut höchst vergnügt.

Da sekundiert Ekkehart Krippendorff gerne, der universal gebildete Politikwissenschaftler, der im April 1968, nach dem Anschlag auf Rudi Dutschke, mit einem Megafon bewaffnet, vors Springerhaus marschierte und sich tags darauf unter der Schlagzeile »Brandstiftung, offener Aufruhr und Gewalt auf Westberliner Straßen« mit Foto und entsprechender Unterzeile in der »Berliner Morgenpost« verewigt sah: *Lautsprecher der ›Außerparlamentarischen Opposition‹, die zu Umsturz und Revolution bläst, ist FU-Assistent Dr. Krippendorf.* Auch wenn da bei der Namensnennung das abschließende Zweit-F fehlte, war die Botschaft doch klar: Gegner von Springer, vermeintlich staatsfeindliche Elemente wie der Doktor aus Eisenach, haben an einer deutschen Universität nichts zu suchen. Genauso wenig wie die unerschrockene Radiofrau Marianne Regensburger im Berliner RIAS, die, ein Foto weiter unten, von der Zeitung zur Fahndung ausgeschrieben ist. Auch sie *gehört zum antiparlamentarischen ›Republikanischen Club‹ und seinen Parteigängern.* Antiparlamentarisch, also eine Gefahr für die Demokratie. Und das im Radio der Freiheit! So macht man Stimmung.

Weit über 40 Jahre später sitzen wir in einer kleinen Konditorei in Tempelhof. Krippendorff ist längst im Bildungsbürgertum angekommen, hat eine Liebeserklärung an Shakespeares Komödien geschrieben und ein ganz wunderbares Buch über den Kriegsgegner Goethe. Beim Reizwort Springer aber kehrt der alte Furor noch einmal zurück. *Ich weigere mich bis heute eine Springerzeitung auch nur anzufassen. Im Flugzeug lasse ich die »Welt« liegen. Das ist für mich eine Frage des Anstands. Springer ist nicht satisfaktionsfähig.* Er sagt das ganz ruhig und gelassen. Er kann sogar lächeln. Aber als ich frage, ob er da möglicherweise ein unbewältigtes Trauma habe, wird er energisch. *Nicht ich habe ein Trauma. Wenn es ein Trauma gibt, dann dieses: dass Blätter wie BILD noch immer existieren.* Hart geht er mit dem einstigen EKD-Ratsvorsitzenden, dem protestantischen Ex-Bischof Wolfgang Huber ins Gericht, der BILD verlässlich für die Verbreitung seiner Thesen nutze. *In dieses Boot dürfen wir nicht einsteigen. Der Preis ist zu hoch.* Die alten, unversöhnlichen Fronten sind noch immer gesteckt.

In dieser Gemengelage kam Mathias Döpfners Appell zum klärenden, mag sein: am Ende gar auf Aussöhnung zielenden Diskurs zwischen dem Springerkonzern und seinen Gegnern von einst und jetzt einem Anschlag auf liebgewordene Denkmuster gleich, die sich in so vielen Köpfen lang schon verselbständigt haben. Was wären wir ohne Wut auf Springer – und was wären die Springerleute ohne ihre Verachtung der APO. Da drohte ein Stück Hassidentität ins Rutschen zu geraten, zumal in der

Offerte sogar ein wenig Selbstzerknirschung mitschwang. Das war kein Brandtscher Kniefall, gewiss, aber ein öffentlicher Gang im Büßerhemd dann doch, im kleinen Büßer-Shirt zumindest. Es sei ihm, wenn er an die Zeit der Außerparlamentarischen Opposition denke, durchaus bewusst, *dass unser Haus und unsere Blätter seinerzeit journalistische Fehler gemacht haben.* Ein umfängliches Geständnis, tätige Reue klingt gewiss anders – doch die noch schmallippige Selbstanzeige schien immerhin ein Anfang, zumal mit ihr eine Einladung verbunden war, die sich als Versuch einer späten Wiedergutmachung verstehen ließ: Er bat die ergrauten Kontrahenten zur Abrechnung mit offenem Visier. *Wir werden nichts vertuschen.*

Welch ein Coup: just der Feind von damals, der verhasste Zeitungskonzern, forderte da im Sommer 2009, mit viel medialem Getrommel, ein längst eingemottetes Großkampfprojekt zu reanimieren: das Berliner Anti-Springer-Tribunal vom Februar 1968, dessen Ablauf und Ziele daeinst eine knallrote Flugschrift unverhohlen benannte. Bereits der Titel verhieß süße Utopie, nichts Geringeres als den »Untergang der Bildzeitung«. Im Innern wurde ein Verfahren der besonderen Art skizziert, mit dem man den verhassten Zeitungsmogul auszuschalten gedachte. *Die Untergliederungen des bürgerlichen Gerichts in Anklage, Verteidigung und Gericht sollten wegfallen. Demonstriert werden sollten die Tech-*

niken, mit Hilfe derer Springer das Bewusstsein seiner Leser niederhält, die Korruption, der mit Notwendigkeit seine Mitarbeiter ausgesetzt sind, schließlich die These, daß das Werk der Enteignung Springers nur das Werk seiner Leser sein könne, über deren Befindlichkeit die Streiter vom Springerarbeitskreis an der von aufmüpfigen FU-Studenten ausgerufenen Kritischen Universität, Westberlins Anti-Alma-Mater, aufs Genaueste informiert zu sein schienen. Sie gaben es jedenfalls vor. *Das Problem der BILD-Leser ist nicht ihre Dummheit, sondern ihre Ohnmacht.* Und eben aus dieser Umnachtung gelte es die vom Hetz- und Lügenblatt unmündig gemachten Plebejer nun mit einer aufrüttelnden Manifestation zu erwecken. Und damit nicht genug.

Im Verlauf des ursprünglichen Tribunals, auf das sich Döpfner nun wieder besann, sollten Genussgutscheine in markigem Wortlaut verteilt werden. *Der Springerkonzern schuldet dem Inhaber dieser Anleihe 1000 DM. Die Zinsen werden von den Inhabern selbst bestimmt und können durch gemeinsame Aktionen gegen das Springerhochhaus in Berlin und alle Zweigstellen des Springerkonzerns Tag und Nacht eingelöst werden.* War das dreister Studentennulk, ein Aufruf zum ultimativen Happening? Nicht ganz. Die Hobbyökonomen hatten offenkundig wenig Zweifel, dass ihr System seriös sei und bald tatsächlich funktionieren werde. *Die Enteignung des Springerkonzerns hat schon begonnen*, war auf dem fertig entworfenen Wertpapier zu lesen, *weder die internationale Konterrevolution noch ihre Läufer und Springer können gerettet werden. Brecht die Macht der Manipulateure.* Als ich in Siegward Lönnendonkers APO-Archiv ein vergilbtes Exemplar der Volksaktie Springer entdecke, fällt mir mein Vater ein, der alles andere als ein Anhänger des Zeitungszars war. Der Dauerslogan von den Manipulateuren aber vermochte ihn regelmäßig in Rage zu versetzen. *Wenn schon, dann bitte Manipulatoren.* Revolution mit falscher Grammatik, nein danke!

Aber was zählten in den Tagen, bevor das Sondergericht tagte, solch sprachliche Nickeligkeiten! Die Untaten des Verlegers am Pranger – und erst recht die seines Konzerns – füllten Kerbhölzer zuhauf, und das lag nicht nur am rüden Umgang mit Berlins unbequemen Studenten. Aufs ZDF, das er gerne durch ein privates Verlegerfernsehen ersetzt gesehen hätte, hat Springers bevollmächtigter Chefjustitiar Herman Ferdinand Arning 1967 einen Geheimtrupp von Spitzeln angesetzt, mit Tonbandgeräten und Minox-Kameras ausgestattet – undercover, in bester Wallraff-Manier –, auf dass der ungeliebte Mainzer Sender durch Enthüllungen, gern auch delikater Art, in seiner Glaubwürdigkeit erschüttert werde. Die Berichte waren entsprechend. Der verheiratete Abteilungsleiter Y unterhalte ein munteres Verhältnis mit der Ansagerin X. Mehr noch: Nach erfolgter Festanstellung sei der Fremdgänger der SPD beigetreten, die ihm durch das Altmitglied Z. fortan schützende Rückendeckung gewähre. Derlei Insiderinformationen hätten sich trefflich nutzen lassen. Allein: Der von Deutschlands größtem Zeitungshaus gesteuerte und gut bezahlte Einsatz der als Journalisten getarnten Agenten wurde ruchbar. Die Details standen haarklein im SPIEGEL – und Springer persönlich musste bei ZDF-Intendant Holzamer um hochnotpeinliche Absolution bitten.

Damit nicht genug der zur Zeit des Studententribunals aktuellen Skandale. Da war noch weit mehr. Im September 1967 hatten drei Blätter, der Düsseldorfer »Mittag«, das »Hamburger Abendblatt« und die »Berliner Morgenpost«, allesamt im großen Imperium vereint, an prominenter Stelle eine knallig formulierte Meldung platziert, in deren Mittelpunkt ein prominenter jüdischer Schriftsteller stand. 1948 war er aus seinem Exil in Palästina nach Deutschland, nach Ostberlin, zurückgekehrt: der in der DDR sogar mit einer Briefmarke verehrte Arnold Zweig. Just der, frohlockten nun die Springer-Gazetten, sei – unter dem Eindruck des Sechs-Tage-Kriegs – spät, aber noch rechtzeitig zur Einsicht gekommen. Genüsslich zitieren sie aus einem zornigen Abschiedsbrief, den der bald 80-Jährige verfasst haben soll. Wie brennend ist seine Sehnsucht nach Haifa. *Wenn ich meine Sachen packen und losreisen könnte, würde ich auf Händen und Füßen ins Gelobte Land kriechen. Das Leben in der Deutschen De-*

mokratischen Republik. Sie ist nicht deutsch, noch demokratisch, noch Republik, sondern ein russischer Satrap, der nach Moskaus Pfeife tanzt.

Das hätte Axel Springer nicht ergreifender formulieren können. Also verneigten sich dessen Redakteure tief vor der Einsicht des alten, geläuterten Dichters. Einziger Schönheitsfehler: Die Zeilen der Abrechnung waren plumpe Fälschung. Arnold Zweig hat sie nachweislich niemals geschrieben und dementierte energisch. Die Blätter aber, die den gefälschten Brief von einer zwielichtigen Agentur namens Tarantel-Press eilends ungeprüft übernommen hatten, sahen keinen Anlass zur Korrektur – und schwiegen über Wochen. Das war der Beginn einer langen, folgenreichen Feindschaft. *Keiner der sogenannten Springer-Zeitungen hat sich bisher bei Arnold Zweig entschuldigt*, zürnte Günter Grass und sprang sogleich in die Bresche. *Da dieser um sich greifende Meinungsterror nicht durch die Bürger unseres Staates und also auch nicht durch mich verhindert wird, entschuldige ich mich, wie ich weiß, für viele, indem ich Arnold Zweig bitte, trotz allem die Bundesrepublik und Westberlin nicht mit den Springer-Zeitungen zu verwechseln.*

Der Fall scheint in vielfacher Hinsicht aufschlussreich. Er zeigt, wie wenig skrupulös der Konzern an der Mauer agierte, wenn es galt, die Faktenlage einer Story dem eigenen Freund-Feind-Denken, dem erbarmungslosen Schwarz-Weiß der Springer-

Doktrin anzupassen. Er zeigt aber auch, mit welch unversöhnlicher Härte, mit welchem Repertoire an dumpfen Schlagworten auch die Gegenseite zur Sache ging. Niemals Florett, immer Degen und Säbel! Gleich von *wahrhaft faschistischen Methoden* hat Grass in der Causa des vermeintlich DDR-abtrünnigen Schriftstellers gesprochen. Und das später auch noch verteidigt. Ob sich eine fette Zeitungsente nicht artgerechter erlegen lässt?

Die Geschichte verrät in ihrem Fortgang freilich noch ein Drittes: Wie empfindlich und, vor allem, wie aggressiv Axel Cäsars bekanntermaßen nicht eben zimperlichen Journalistentrupps werden konnten, sobald die eigenen Reihen ins Visier der Kritik gerieten. Über die schwerwiegenden Kunstfehler im Fall Arnold Zweig kein reuiges Wort. Kein Moment der überfälligen Selbstbesinnung. Nein, jetzt wurde zurückgeholzt. Schuldig für Springer und die Seinen war nur einer: Günter Grass. Die »Welt« legt ihm nah, *doch in die Ostzone zu gehen* und droht mit einer Strafanzeige – wegen Beleidigung, was die »Berliner Morgenpost« nicht daran hindert, den Dichter als *neurotisch* einzustufen. Seine Kritik findet das »Hamburger Abendblatt« – finsteres Nazi-Vokabular bemühend – *zersetzend*.

Der Frontberichterstatter wundert sich: Die Ziele der lautstarken Streithähne könnten unterschiedlicher nicht sein, auch ihre Waffen sind ungleich, es ist ein Kampf wie David gegen Goliath, aber die

Feindbilder, mit denen sie einander traktieren, die sind verstörend kongruent. Wer den Feind zum Faschisten degradiert, der heiligt seinen Krieg, erhebt sich selbst zum Antifaschisten. Es ist die altbewährte Technik, auf die sich Springer und seine Gegner

JULIUS STREICHER   **AXEL C. SPRINGER**

hetzte in seiner Zeitung „Der Stürmer" zum Judenmord. Er wurde dafür zum Tode verurteilt.

hetzt zum Studentenmord. Er wurde bisher nicht verurteilt und hetzt und hetzt und hetzt. . . .

Studentisches Flugblatt, 1968

gleichermaßen besinnen. Am Kudamm verteilen die Studenten ein Flugblatt, eine Art Fahndungsaufruf, der dem Großverleger seinen finsteren Doppelgänger, sein braunes Alter Ego gegenüberstellt: Julius Streicher und Axel. C. Springer. Der Stürmer und der BILD-Mann Seit an Seit, die Reihen fest geschlossen. Den einen Hetzer vom anderen trennt nur ein minimaler Unterschied. Der eine *wurde dafür zum Tode verurteilt*. Der andere *wurde bisher nicht verurteilt und hetzt und hetzt und hetzt ...*

Die Gegenseite ist nicht besser. Als sich im Februar 1968 die lang angestaute studentische Wut auf das Zeitungshaus erstmals entlädt und dabei, nicht zu beschönigen, in einer Spontanaktion auch

BILD, 3. Februar 1968

die Scheiben einiger »Morgenpost«-Filialen zu Bruch gehen, sieht die in nachvollziehbarer Empörung geeinte Springer-Presse subito die Reichskristallnacht wiederkehren. Obwohl sich der systematische, von der staatstragenden Partei befohlener Terror der Novemberpogrome 1938 gewiss anders angefühlt hat und ein aggressiv operierender Konzern wie der Axel Springers nun wahrlich nicht für die Rolle der verfolgten Unschuld taugt.

Wer austeilt, muss nicht einstecken können. Aber die Dünnhäutigkeit, mit der das großmächtige, global vernetzte und sehr wohlhabende Unternehmen Springer auf Widerspruch und Widerstand, auf öffentlichen Liebesentzug reagiert, deutet auf einen bemerkenswerten Mangel von Selbstbewusstsein und Souveränität. Auf einen Komplex mit Folgen. Der Verleger selbst durfte sich, wie der SPIEGEL 1965 errechnete, über Privateinkünfte von 60 Millionen D-Mark per annum freuen, die Welt stand ihm offen, aber eine maliziöse Hörfunk-Collage, zusammengesetzt aus Verlegerstatements und einschlägigen Zeitungszitaten, 1967 angekündigt beim Wellen-Winzling Radio Bremen, lässt sein Ego erzittern. Da ist Abhilfe geboten, geräuschlos, versteht sich. Gleich zweimal hat ein ängstlicher Intendant vom kleinen Sender an der Weser die zuvor vom zuständigen Programmdirektor mit viel Lob bedachte Stundensendung des Hörfunkjournalisten Jürgen Holtkamp wieder aus dem Programm genommen, an deren Ende ein ziemlicher Flurschaden sichtbar wurde in Cäsars Reich. Übrig blieb eine *Landschaft mit erbaulichen Figuren, in der keine Köpfe mehr zu finden sind, sondern nur noch Deutsche nach Springers Ebenbild.* Dass der sozialdemokratische Intendant Heinz Kerneck ganz aus freien Stücken von seinem Weisungsrecht Gebrauch machte, darf ausgeschlossen werden.

Angesichts der nicht enden wollenden Skandale werden sich die Ermittler des Berliner Anti-Springer-Tribunals in ihrer Mission bestätigt gefühlt haben. Denen stand ein Jahrhundertprozess ins Haus. Daran, dass der Angeklagte am Ende dingfest zu machen sei, und auch am Strafmaß bestand von vornherein keinerlei Zweifel. Die Unschuldsvermutung: ein ärgerliches Relikt einer untergehenden Epoche! *Der Urteilsspruch des Tribunals sollte das Signal für eine Welle von Aktionen gegen den Konzern werden. Die Strategie der massenhaften Blockade mit dem Ziel, die Auslieferung zu verhindern, war gekoppelt mit einer Strategie konspirativer Aktionen.* Das klang richtig gefährlich – und war es in gewisser Weise auch. Auf der vorbereitenden Veranstaltung am 1. Februar 1968 wurde ein kurzer Experimentalstreifen des Filmhochschülers Holger Meins gezeigt, eine Lichtspielanleitung für tatbereite Revolutionäre, wie man kleine Brandsätze bastele, die legendären Mollies, ohne sich selber dabei zu verletzen. Ganz am Ende der Lektion waren, scheinbar rein zufällig montiert, Aufnahmen des Springerhauses an der Kochstraße zu sehen. Ein Schelm, wer Böses dabei denkt.

In der Nacht brachten Pflastersteine die Fenster von sieben »Morgenpost«-Filialen zum Bersten. Die Geschosse waren mit Banderolen umwickelt, die Zweck und Urheberschaft der Aktion frei heraus benannten: »Enteignet Springer!« Das allerdings war dann auch schon das Ende des fürs Folgewochenende geplanten Tribunals. Die Stars der Veranstaltung, die geladenen Sachverständigen und Ankläger, Vertreter der bürgerlichen Linken und Linksliberalen – Gert von Paczensky und F.D.P.-Generalsekretär Karl-Hermann Flach, der Miterfinder der drei Pünktchen –, *die Mitglieder der Bourgeois-Fraktion*, wie das im nur bedingt auf Solidarität zielenden SDS-Jargon hieß, sagten ihre Teilnahme gleich reihenweise ab. Statt dem Zeitungsmonopolisten den Prozess zu machen, wurde nun auf einmal über die Frage gestritten, ob man wirklich zwischen Gewalt gegen Sachen und Gewalt gegen Menschen trennen könne, was zulässig sei im revolutionären Kampf und was nicht.

Das mit den Steinen war falsch, räumt Tilman Fichter, der damals selbst einen warf, in der Rückschau gern ein. Aber als er von der nächtlichen VW-Käfer-Fahrt zu Springers Filialen erzählt, rührt sich das alte Kämpferherz. Er habe den Seinen *augenblicklich den Befehl zum Rückzug* gegeben, als unvermutet ein Zeitungsausträger auftauchte. *Den wollten wir nicht verletzen.* Warum dann überhaupt Steine? *Die Steine entsprachen unserer Empörung gegen Springer, der in unseren Augen der wohl mächtigste Stellvertreter der westdeutschen Mehrheitsgesellschaft war, die 1945 als Niederlage gesehen hat und nicht als Akt von Befreiung und Aufklärung,* sagt der 73-Jährige, und setzt nach, dass bis heute *jede Bildzeitung ein antiaufklärerisches Kunstwerk* sei, und freut sich noch einmal an den eigenen markigen Worten.

Doch zum Fiasko des Tribunals führten damals nicht die Steine allein. *Die Vorbereitung war chaotisch, wir kamen einfach nicht zu Potte*, erinnert sich der emeritierte Politologieprofessor Bernhard Blanke, damals aktiver Streiter im Arbeitskollektiv der Anti-Springer-Kampagne. Rudolf Augstein habe der Bewegung großzügig sein geheimnisumwittertes SPIEGEL-Archiv geöffnet. Dort finde sich Belastungsmaterial zuhauf. Die Kommilitonen rückten zur Hamburger Brandstwiete an, doch die Enttäuschung war groß. *Wir haben da*, sagt Blanke, auch *nach gründlichster Suche nichts Nennenswertes entdeckt.* Aber was ist ein Schuldspruch ohne Beweise?

Kurzum, die Unternehmung aus dem Winter 68 stand unter keinem guten Stern. Schon die Frage, ob das Unterfangen nun Hearing oder Tribunal heißen solle, drohte die Bewegung zu spalten. Einer der klügsten Köpfe, der dem Tribunal das intellektuelle Gütesiegel verleihen sollte, hatte bereits im Vorfeld kapituliert. Der öffentliche Gerichtshof gegen Springer, schrieb Jürgen Habermas am 29. Januar 1968 in einem sehr grundsätzlichen Brief an Blanke, werde *nur glaubhaft sein, wenn Sie mit dem Anspruch konkurrieren könnten oder auch nur wollten, den förmliche Verfahren heute erheben: nämlich das audiatur et altera pars zu sichern und eine relative Unabhängigkeit der Urteilenden zu sichern*. Doch mit solch formaljuristischen Haarspaltereien, Relikten der dem Untergang geweihten bürgerlichen Gesellschaft, hatten die Gerichtsherren wenig im Sinn. Saß da überhaupt ein menschliches Individuum auf der Anklagebank, oder nur, wie es in den einschlägigen Flugschriften hieß, eine Charaktermaske, die hässliche Fratze des Monopolkapitalismus? In Berlin jedenfalls beherrschte Springer schon 70 Prozent des Zeitschriftenmarkts, in Westdeutschland immerhin deren 40.

Es hat nicht sollen sein! Das Springertribunal 68, Provokation, zornige Anmaßung und überfälliges Aufbegehren zugleich, ungerecht, parteiisch und vielversprechend trotz allem, diese Abrechnung mit einem Medientrust, die, wie es in einem Kampfaufruf hieß, *Manipulation als besonderen Bereich der kapitalistischen Herrschaft* entlarven sollte, kurz: die wohl aufregendste Medienkampagne, die je in Deutschland angedacht wurde ... sie wurde kleinlaut vertagt, sollte aber, so war zu vernehmen, zeitnah in

Hamburg nachgeholt werden. Das Engagement war nach wie vor groß. Eine Studentenabordnung, zu der auch der Schriftsteller Peter Schneider gehörte, reiste durch die Republik, um Spendengelder für den Kampf gegen den Mediengoliath einzusammeln, wobei sich der ZEIT-Verleger und Grande des Springer-Konkurrenten Gruner + Jahr, Gerd Bucerius, besonders entgegenkommend zeigte. Der hat, wie aus seinem Bilanz ziehenden Schreiben vom 13. Oktober 1969 hervorgeht, die Unternehmung mit immerhin deutlich über 80.000 D-Mark bezuschusst, was freilich nicht allein der Großherzigkeit des Spenders geschuldet war. *Alle Beträge wurden im geschäftlichen Interesse der Firma Gruner und Jahr aufgewendet. Die Verleger waren durch die Ausdehnungstendenzen des Hauses Springer [...] stark betroffen. [...] Deshalb sind die Verleger John Jahr und damals Richard Gruner und ich übereingekommen, alle Bemühungen zu unterstützen, welche die Beschränkung der großen Zeitungs- und Zeitschriftenkonzerne zum Ziel hatten.*

Hier 4400 D-Mark für *RA Mahler Rechtshilfefonds*, dort 5000 für Springers Todfeinde im Asta, die Studentenvertreter an der Freien Universität. Auch die Arbeit eines jungen Journalisten, der Anlass zur Hoffnung gab, wurde aus der konspirativen Kasse, die – wie Bucerius schreibt – *unter persönlichem Verschluss* stand, generös unterstützt, erst mit DM 15.000, dann mit weiteren 1000. Die Spende war nicht ohne Beigeschmack, denn der Bedachte war nicht irgendwer, sondern der Shootingstar unter den Blattmachern der Republik. Sein Name: Manfred Bissinger. Er war damals Redakteur beim STERN, dem Flaggschiff des Verlagshauses Gruner + Jahr, zu deren Eignern Gerd Bucerius zählte. Im Klartext: Er hat seinem eigenen Angestellten klammheimlich 16.000 D-Mark zugesteckt, damit der gegen den übermächtigen Konkurrenten aktiv werde, belastendes Material zusammentrage, die Kontakte zu den Organisatoren des studentischen Tribunals intensiviere.

Bissinger galt schließlich als Kenner: Seine *Axel-Springer-Story* im November 1967 auf zehn Druckseiten im STERN war die erste journalistische Großdokumentation all der Affären und Skandale, die sich mit dem Namen von *Berlins heimlichem Herrscher* verbanden. Da hat der 28-Jährige höchst verständlich ein Medien-Imperium durchleuchtet und das pointierte Psychogramm eines verfolgungswahnsinnigen Millionärs zusammengepuzzelt. *Bei Demonstrationen – selbst wenn sie über den Kilometer entfernten Kurfürstendamm ziehen – postiert der Springer-Selbstschutz auf den Dächern und in mehreren Etagen Handwerker in blauen Kitteln, ausgerüstet mit Funksprechgeräten und Scheinwerfern. Sie sollen nahende Studenten rechtzeitig melden. Auf dem Dach werden dann Feuerwehrschläuche entrollt; der »Verteidigungsminister«*

braucht nur noch »Wasser marsch!« zu kommandieren.

An den Sozialneid der lieben STERN-Leser appellierend, hat er dessen Residenzen aufgelistet: *Blick auf den Wannsee: Insel-Bungalow Schwanenwerder; Blick auf glückliche Kühe: Feriensitz Klosters/Schweiz; Blick auf die Nordsee: Klenderhof in Kampen/Sylt ...* Doch das ganzseitig präsentierte Aufmacherfoto der Story schien mehr zu sagen als alle kundigen Reporter-Worte. Es zeigt Axel Cäsar als Propagandist im Dienste der Einheit. Ein Heimatloser, verwundet im Kalten Krieg, bittet um eine milde Gabe. Traurig schaut er in die Kamera und klappert mit der Sammelbüchse. *Macht das Tor auf!* Es ist ein Bild des Jammers.

Von Spenden lebte auch die Gegenseite. Nicht zuletzt, weil Bucerius ebenso wie Rudolf Augstein die Anti-Springer-Bewegung alimentierte, konnten alsbald Räume angemietet, Hilfskräfte in Lohn und Brot genommen werden; gar eine Forschungsstelle mit vielverheißendem Namen wurde gegründet: das »Institut für Gegenöffentlichkeit«, eine freilich eher potemkinsche Organisation, deren Leiter – wie sich Peter Gäng entsinnt, der in Berlin einmal zweiter SDS-Vorsitzender war – 1969, in den Tagen der Selbstauflösung des SDS, seinen letzten Mitstreitern gegenüber bekannte, er habe von den verbliebenen Anti-Springer-Mitteln seiner Braut Dorothea einen richtig schicken Pelzmantel gekauft. Und mit den

Selbstinszenierung für das »Kuratorium Unteilbares Deutschland«
Ende der Fünfzigerjahre

Geldern versickerte die so siegessicher begonnene Kampagne.

Alles vergessen, vorbei, Veteranengeschichte, bis sich vier Jahrzehnte später ausgerechnet Mathias Döpfner, angefeuert vom bekennenden APO-Deserteur Thomas Schmid, unter nun gänzlich veränderten Vorzeichen auf das revolutionäre Großprojekt besann und sich einen maliziösen Seitenhieb nicht verkneifen konnte. *An aufmerksamer Anteilnahme und Unterstützung der Vorbereitung des »Tribunals« hat es damals nicht gefehlt. Das wünschen wir uns auch diesmal. Besonders freuen würden wir uns, wenn diejenigen Wettbewerber, die seinerzeit finanziell so großzügig waren, auch diesmal wieder einen Obolus zur Unkostendeckung entrichten würden.* Aber an Häppchen, Reisespesen und einigen anzuheuernden Stenotypisten wäre das ehrgeizige Projekt wohl kaum gescheitert.

Wer aber aus der Garde von Axel Cäsars getreuen Gegnern würde sich mit Döpfner und seinem Gefolge an einen Tisch setzen? Daniel Cohn-Bendit hat schnell abgesagt. Er habe Besseres zu tun. Ebenso Günter Wallraff, der sich über Jahrzehnte an Springers Schreibern abgearbeitet hat, – und die sich im Gegenzug mit ihrer ganzen Medienmacht an ihm. Der Mann, der bei BILD Hans Esser war, machte aus seinem Misstrauen kein Hehl und argwöhnte, hinter dem Vorstoß der Springerleute könne nur eines stecken: die *demagogische Demonstration ihrer eigenen Interessen.* Aus seiner Sicht hat das Logik. Das Feindbild Springer ist fixer Teil der eigenen Biografie. Wallraff, wie man ihn kennt. Sein Einschleich-Manöver 1977 bei BILD Hannover war der Scoop seines Lebens, die kühnste Scharade. Springers Leute haben sich dafür recht elendig zu rächen versucht.

Andere Gegner von einst aber konnten sich vorstellen, ohne Bewaffnung mit dem ideologischen Vorschlaghammer den Weg ins Lager des Feindes zu wagen. Der Journalist und Buchautor Hannes Schwenger etwa, in den späten Sechzigerjahren Redakteur von »Extrablatt« und »Extradienst«, dem links-alternativen Zeitungsprojekt in Westberlin, das die Springerpresse schwerpunktmäßig verfolgte, hatte schon sehr konkrete und recht unangenehme Fragen. Wie zum Beispiel sind alte Nazis wie Paul Karl Schmidt alias Paul Carell oder dessen Freund Hans Georg von Studnitz, Mitglied der NSDAP seit 1933, zu Springer gekommen, wo sie doch vorgaben, nicht nur Feinde aller Roten, sondern auch aller Braunen zu sein. *Es gibt,* sagt Schwenger, *eine Reihe antisemitischer Äußerungen dieser Leute, die man mit Springers Philosemitismus konfrontieren muß.*

Von Studnitz etwa, dessen Kolumnen der Verleger schätzte, hat 1967 in der »Welt am Sonntag« die kühne These vertreten, die Studenten würden Springers Enteignung auch darum so ungestüm verlangen, *weil kein Philosemit in der Bundesrepublik so gehaßt wird wie eben der Hamburger Konzernherr.* 26 Jahre zuvor, im November 1941, hat sich derselbe Autor eine etwas andere Sicht der Dinge gestattet und, mit Blick auf die Entourage des amerikanischen Präsidenten, in einem Kommentar für den »Berliner Lokalanzeiger« munter antisemitische

Klischees verbreitet. *Wer Herrn Roosevelt verstehen will, muss sich seine nächsten Ratgeber anschauen. Kein berühmter Flieger, kein erfolgreicher Feldherr, kein großer Admiral ist darunter. Und auch kein Christ. Die Männer, mit denen Roosevelt seine Strategie erörtert, sind die gleichen, deren Vorfahren einst trockenen Fußes das Rote Meer zu kreuzen wußten. [...] Sie kennen der Preise der Welt und außer diesen nur ein Gefühl: die jüdische Angst.* Bei näherer Durchleuchtung der Personalpolitik des Hauses hätte der Mythos vom stets selbstlos gegen die Unfreiheit streitenden Verleger, vom Anti-Nazi und Israel-Freund Springer, dessen Konterfei noch heute in vielen Redaktionsstuben hängt, bei einem neu einberufenen Tribunal vielleicht doch ein paar heilsame Schrammen abbekommen. Welch eine Chance!

Aber dann nahte das Vorbereitungstreffen unter sechs Augen. August 2009 in der Berliner Rudi-Dutschke-Straße, an der – gepriesen sei der Schalk der Bezirksverordnetenversammlung von Friedrichshain-Kreuzberg – heute die Springerzentrale steht, so sehr sich der Anrainer auch, nicht eben souverän, dagegen wehrte. Die Narben sind nicht verheilt. Gerade einmal eine Stunde – und auch das zweite Tribunal war, noch bevor es begonnen hatte, Geschichte. Mathias Döpfner, Thomas Schmid und der Schriftsteller Peter Schneider als Verhandlungsführer der einstigen Rebellen sind sich, wie auf Knopfdruck, in die Wolle geraten. Schon die Idee, das Symposion in Feindesland, also in den Räumlichkeiten des beargwöhnten Konzerns stattfinden zu lassen – und nicht auf neutralem Terrain –, sei eine arge Zumutung. Bei Springer scheinen halt sogar die holzvertäfelten Wände ideologisch kontaminiert. Keine Presse, kein Fernsehen, schlug Döpfner vor, nur eine vollständige Dokumentation im Netz. Und eine Zusammenfassung in der »Welt«. Warum nicht auch ein Organ der Gegenseite, die »Süddeutsche« oder die »taz«?, warf Schneider ein. Darauf Schmid, mit der Direktheit des einstigen Opelaners: *Wer bezahlt denn das Ganze?* Nach Minuten schon ist das frostige Gespräch zum Scheitern verurteilt. *Meine Bemerkung, ich hätte eigentlich gar kein Bedürfnis, mich noch einmal über die Kampagne von vor 40 Jahren zu beugen*, schreibt Schneider in einer Rundmail an die früheren Kumpane, *erregte sichtliches Befremden.*

Döpfner wiederum stellt klar, dass er sich nur mit der ersten Garnitur der Konzernfeinde von 68 einzulassen gedenke, während Schmid bereit ist, mit jedem, der sich traut, zu reden, indes sich Schneider, wie er in seiner Rundmail schreibt, über die Annahme seiner beiden Gegenüber zu ärgern beginnt, *dass der schlechte Ruf der Springerpresse sich einzig und allein jener Kampagne vor vierzig Jahren verdanke. […] Ich war zu diskret zu sagen, dass der schlechte Ruf so gut wie jeden Tag durch die BILD-Zeitung erneuert werde.* Das ist gewiss nicht ganz falsch, aber just diese Fragen, ob es eine Kontinuität in den Mechanismen der Berichterstattung seit den Tagen von Dutschke, Langhans und Teufel gibt, ob die Verantwortlichen etwas aus den eingestandenen Fehlern gelernt haben, aber auch, ob das so gern aufgemalte Gespenst der stromlinienförmig die 68er verhetzenden »Springerpresse« je wirklich umgegangen ist, oder ob die Dinge vielleicht doch nicht gar so einfach waren – über all dieses wäre auf dem Tribunal II trefflich zu streiten gewesen. Doch Schneider hat es schon beim Verlassen des goldenen Hochhauses geahnt. *Ich denke, das Ganze wird wahrscheinlich abgeblasen.* Das wurde es dann auch – und das kam manchem nicht ungelegen. Jetzt jedenfalls lassen sich die am Schreibtisch und auf den Barrikaden gehegten Feindbilder, hüben wie drüben, noch eine Generation länger konservieren.

Letztlich waren wir ganz froh, dass Springer so unannehmbare Bedingungen gestellt hat, sagt Tilman Fichter, dem die Vorstellung schwerzufallen scheint, dass sein Lieblingsfeind nicht mehr unter uns weilt. Was ihm nicht passt, das ist der vorgegebene Versammlungsort, der Verzicht auf einen neutralen Moderator und die Vorgabe, die eigenen Statements zur Veröffentlichung in der Springerpresse freizugeben, mit der man doch nie im Leben kollaborieren wollte. *So hatten wir es leichter, das Gesicht zu wahren.* Und die Gegenseite? Mathias

Döpfner war es – mag sein, auch aus strategischen Erwägungen – wohl wirklich ernst mit seinem Vorschlag. Aber auch für ihn hat das Scheitern sein Gutes. Er kann nun vor aller Welt kundtun, dass die heutige Springergruppe zu Transparenz, Diskurs und Selbstkritik bereit gewesen sei. Nur, leider, hätten *die maßgeblichen Akteure der 68er-Bewegung* die Gesprächsofferte ausgeschlagen. *Bemerkenswert finden wir, dass ausgerechnet diejenigen, die immer den offenen Diskurs gefordert haben, diesen nun verweigern.* So sammelt man Punkte. Die seltsame Schlacht, längst zum Ritus erstarrt, geht in ihre nächste Runde.

Bei so viel Unbeugsamkeit der Kombattanten könnte es hilfreich sein, den langen, erbitterten Streit einmal bis zu seinen Wurzeln zurückzuverfolgen. Was haben Springers Berichterstatter, Kommentatoren und Zeichner zu Zeiten der wilden Studentenproteste tatsächlich in die Blätter gebracht? Rund 6000 meist lang schon vergessene Beweisstücke weisen den Weg in eine Asservatenkammer voller Überraschungen und in eine Güllegrube zugleich.

4. Sechstausend wunderliche Zeitungsseiten

DIE ORDNUNGSKRÄFTE, EREIFERTE sich der Berichterstatter auf einer eilends freigeschaufelten Sonderseite, seien mit der *Brutalität polizeistaatlicher Methoden* gegen die Demonstranten vorgegangen an jenem 2. Juni 1967, an dem der Kriminalobermeister Karl-Heinz Kurras, der Jahrzehnte später als Mitarbeiter der Stasi enttarnt werden sollte, unweit der Deutschen Oper den wehrlos am Boden liegenden Studenten Benno Ohnesorg erschoss, derweil der Schah, seine Gemahlin und beinah der gesamte Berliner Senat andächtig Mozarts Zauberflöte lauschten. Brutalität? Polizeistaatliche Methoden? Da schien ein Gegner der freiheitlich-demokratischen Grundordnung, der seine Autorenschaft hinter dem Kürzel »Ro« verbarg, seine ersten journalistischen Gehversuche zu wagen.

Er hatte ganz offensichtlich Unterstützer und Helfer im Redaktions-Kollektiv, die sich sogleich an die Fersen des Todesschützen hefteten und die Spuren des einstigen Polizeimeisters im Gebrauchs-Pistolenschießen hartnäckig bis in die Wohnung von dessen abgelegter Verlobten verfolgten. Dort hätten Streifenbeamte, lesen wir unter der knalligen Überschrift »Skandal um den Kripo-Obermeister«, *eine polnische Armeepistole vom Kaliber neun Millimeter und 1460 Schuß Munition beschlagnahmt, die Kurras gehörten* ... und die er nach geltendem Recht nie hätte besitzen dürfen, was die aufmüpfigen Blattmacher wie folgt kommentierten:

> Sechs Jahre lang stand die Kiste mit der Pistole und der Munition unbeachtet auf dem Hängeboden. Ausgerechnet jetzt wurde sie "rein zufällig" entdeckt. Ein merkwürdiger Zufall, der den Beamten in der schwierigsten Situation seiner Laufbahn trifft. Aber dessen ungeachtet vermittelt ein so skandalöser Leichtsinn nicht das beste Bild von einem bisher dienstlich sehr geachteten Beamten. Denn wer sechs Jahre lang eine illegale Waffe und Munition in einer fremden Wohnung liegen läßt, kann nicht für sich in Anspruch nehmen, als korrekt und besonnen zu gelten.

Rief hier einer der gefürchteten Radikalinskis zur Entlassung eines pflichtbewussten Staatsbeamten auf, dem in putativer Notwehr ein kleines Malheur unterlaufen war? Von wegen! So schrieb, es ist kaum zu glauben, Springers BZ, die Berliner Schwester von BILD, berüchtigt für eine grobe Gangart, acht Tage nach den tödlichen Schüssen auf Ohnesorg. Unverhohlen äußert sich Entgeisterung, ja Empörung über die folgenschweren Übergriffe der Polizei, über den Ordnungshüter, der sich nicht einmal ans Waffengesetz hielt. Schon Tage zuvor hatte ein Karikaturist des Blattes die uniformierte Übermacht beim Besuch des persischen Kaiserpaares der Lächerlichkeit preisgegeben.

„Is heute Polizeischau?"

BZ, 1. Juni 1967

Als ich bei einer Recherche im Sommer 2009 eher zufällig auf die wunderlichen Artikel stoße, gerät für Momente, und durchaus unliebsam, ein lang und gern gehegtes Feindbild ins Wanken. Was eigentlich wäre, wenn die treffliche BZ-Momentaufnahme aus einem Polizei-Staat keine einmalige Ausnahme sein sollte? Was wäre, wenn es bei BILD und Co. am Ende auch andere Stimmen gab als die der blindwütigen Hetze? Undenkbar! Die Springerpresse – deutet nicht der Name allein schon auf Gleichschaltung? – hat doch über Jahre Pogromstimmung verbreitet gegen den *immatrikulierten Mob*, gegen *die rote SA*, gegen die *geistig und moralisch gestörten Studenten*. Punktum. Und eben bei dieser Kampagne mischte gerade die BZ gehörig mit. Auch am 3. Juni 1967, Benno Ohnesorg war eben verstorben, wurde dort zum großen Halali auf die Studenten geblasen.

```
Das ist Terror! Was sich gestern in
Berlin ereignet hat, ist so erschüt-
ternd und beschämend, daß man kaum
eine Erklärung dafür finden kann.
Berlin hatte bisher den Ruf einer
fleißigen, arbeitsamen Stadt. Eine
Minderheit ist auf dem besten Wege,
diesen Ruf zu zerstören. Sie will
Berlin in ein Rabaukennest verwan-
```

> deln. Es sind nicht die Arbeiter oder Angestellten dieser Stadt, die diese Krawalle am laufenden Band provozieren. Aber es sollte jetzt endlich die Bevölkerung sein, die sich das zügellose Treiben jener Jüngeren verbittet, von denen ein nicht geringer Teil die akademische Laufbahn einschlagen wird. [...] Wer Anstand und Sitte provoziert, muß sich damit abfinden, von den Anständigen zur Ordnung gerufen zu werden. Die Anständigen in dieser Stadt aber sind jene Massen der Berliner, die Berlin aufgebaut und Berlins Wirtschaft angekurbelt haben. Ihnen gehört die Stadt. Ihnen ganz allein! Sie sollten jetzt mithelfen, zu erhalten und zu schützen, was sie errichtet haben. Gemeinsam mit der Masse der Bevölkerung. Wer Terror produziert, muss Härte in Kauf nehmen. BZ, 3. Juni 1967

Der zu gewaltsamer Bürgerwehr aufwiegelnde Satz vom Terror und der Härte spaltet die Republik in Gut und Böse, in Anstand und Rabatz. Das unanständige Redaktionswort an die Anständigen kennt keine Gnade, erst recht keine Selbstzweifel – und findet bald freudige Nachahmer. Einige Monate später mühte sich die BILD-Redaktion, den Furor der Kollegen zu toppen. Der Aufruf vom 7. Februar 1968, *Stoppt den Terror der Jung-Roten jetzt!* – das Foto eines irre dreinschauenden Dutschke inklusive – wurde zum Klassiker der Konterrevolution:

In Berlin, in Bremen, in Freiburg, in Bochum, in Frankfurt werden Geschäfte demoliert, Autos umgeworfen, Straßenbahnwagen zerstört. Fensterscheiben zertrümmert, friedliche Bürger bedroht, die deutsche Fahne verbrannt und irgendein Kommunistensymbol gehißt. Man darf über das, was zur Zeit geschieht, nicht einfach zur Tagesordnung übergehen. Und man darf auch nicht die ganze Drecksarbeit der Polizei und ihren Wasserwerfern überlassen. Schlafen unsere Richter? Schlafen unsere Politiker? Wie lange wollen sie noch zulassen, daß unsere jungen Leute von roten Agitatoren aufgehetzt, daß unsere Gesetze in Frage gestellt, unterwandert und mißachtet werden? Sind wir denn eine Apfelsinen-

SDS-Dutschke: »Unser Vietnam ist hier in Europa.«

> Republik, in der man Recht und Gesetz, Autorität und Ordnung unter fadenscheinigen Vorwänden mit Füßen treten darf? In der man den gesetzestreuen Bürger zum Trottel, den Gesetzesbrecher zum Helden machen darf?
>
> BILD, 7. Februar 1968

Der Appell zur Umverteilung der Drecksarbeit, in einer Vier-Millionen-Auflage verbreitet, wird – zurecht – immer wieder gern ausgemottet, wenn es gilt, das Feindbild Springer, die Eskalation der Gewalt im Frühjahr 1968 zu erklären. Imperative dieser Art hatten Konjunktur in jenen Tagen. Der Senat trommelt im Februar die Bürger der Stadt zur Massenkundgebung zusammen. 150.000 marschieren vor das Schöneberger Rathaus. Der sozialdemokratische Bürgermeister Schütz ist auf Krawall gebürstet an diesem Tag und heizt die Stimmung gegen die ungehorsamen Studenten auf: »Schaut Euch diese Typen an!« Die biederen Gegendemonstranten tragen Transparente mit markigen Parolen und vielen, vielen Ausrufezeichen. »Teufel oder zur Hölle!« Oder gereimt: »Reicht uns doch den Dutschke her, jetzt setzt sich der Bär zu Wehr!«

Am 11. April, als der rote Rudi in seiner Blutlache lag, hat der Berliner Bär seine Beute gemacht.

In derselben Nacht noch begannen bundesweit die Schlachten vor den Redaktionshäusern und Druckereien des Konzerns. Wolf Biermann, der Wortgewaltige aus der Ostberliner Chausseestraße, hatte den Hauptschuldigen in seiner zornigen Hymne von den »Drei Kugeln auf Rudi Dutschke« schnell ausgemacht. *Die Kugel Nummer eins kam / Aus Springers Zeitungswald / Ihr habt dem Mann die Groschen / Auch noch dafür bezahlt / Ach Deutschland, deine Mörder ...* Es ist eines seiner schönsten, folgenreichsten Lieder, in das andere gern einstimmten. Die Verstimmung im Hause Springer war beträchtlich.

Der SPIEGEL zitiert eine Mainzer SDS-Größe mit den markigen Worten: *Eine BILD-Schlagzeile ist mehr Gewalt als ein Stein am Polizisten-Kopf.* Die »Welt« protestiert am nächsten Tag energisch. *Im Manipulieren, Verbiegen, Verzerren ist der »Spiegel« nicht ungeübt.* Der gute Mann habe *einschränkend gesagt, eine »tendenziöse BILD-Schlagzeile« habe mehr Gewalt als ein Stein.* Ob diese Haarspalterei den Vorwurf auch nur um einen Deut abzuschwächen vermag? Auch die »Evangelische Akademikerschaft«, der angesehene und gelegentlich unbequeme christliche Bildungsverein, hat Springer zumindest *eine Mitverantwortung an den Unruhen und den damit verbundenen Gewalttaten* zugesprochen und mit lutherischer Deutlichkeit gefordert, *die Pressekonzentration zu beseitigen.*

Da fühlt sich der gläubige Verleger zu einer höchstpersönlichen Antwort berufen und zeigt sich in einem offenen Brief, den die »Welt« am 14. Mai 1968 abdruckt, *betroffen als Christ und Protestant.* Darf man ein Zeitungshaus an den Maßstäben des Allmächtigen messen? *Das Reich Gottes ist auf dieser Erde nicht herzustellen – nicht der ewige Friede, nicht die vollkommene Gerechtigkeit, nicht die allgemeine Glückseligkeit. Leid und Mühe in dieser irdischen Welt. Gott hat uns Grenzen gesetzt.* Da umreißt er, der göttlich Begrenzte, mit wenigen, blumigen Worten sein theologisches Credo von der Teilung der Welten. In der einen gibt es Agape und Manna, in der anderen BILD und Busen, Mammon und Miezen. Die Pastoren sollen sich ums Seelenheil kümmern, die Drecksarbeit übernehmen Axel Cäsar und die Seinen. *Mit äußerster Entschiedenheit* verwahrt er sich *gegen jene Tendenzen, die Kirche und ihre Organsition zu einer pressure group revolutionärer Bestrebungen zu denaturieren.* Im Klartext: Haltet endlich den Mund, Ihr Pfarrer! Ihr Gollwitzers und Scharfs, mengt Euch nicht länger ein! Die Natur einer Kirche von Springers Gnaden verlangt nach Akklamation zur bestehenden Ordnung.

Und dann hat er gleich noch dem BILD-Aufruf gegen den Terror der Jung-Roten die höheren Weihen erteilt. Anstiftung zur Selbstjustiz? Papperlapapp! Der Text wende sich ausdrücklich an die

Verantwortlichen von Exekutive und Legislative, an Richter und Politiker. Doch selbst der Wohlmeinendste dürfte sich kaum zu der These versteigen, dass die Redaktion da gerade eine Eingabe an den Petitions-Ausschuss des Bundestages formulierte. Springer ficht all das nicht an. *Bei genauer Lektüre der »Bild«-Zeitung fällt die Behauptung, das Blatt habe planmäßig Stimmung gegen reformwillige Studenten gemacht, in sich zusammen.* Und was ist nun mit der fetten Titelzeile *Stoppt den Terror der Jung-Roten, jetzt?* Da windet er sich. *Überschriften stehen nicht für sich, sondern stets im Zusammenhang mit dem Artikel, zu dem sie gehören.* Aber eben die waren nicht selten das Problem.

Das hat im Frühjahr 2010 auch Mathias Döpfner, der Vorsitzende der Springer AG, eingeräumt und sich ausdrücklich entschuldigt, *für die journalistischen Fehler, die unser Haus damals gemacht hat.* Gewissermaßen als Bußtat gewährte der Verlag einen umfassenden Blick ins Sündenregister und stellte alle Artikel der eigenen Blätter von Dezember 1966 bis Ende 1968, die sich auch nur im Entferntesten mit der außerparlamentarischen Studentenbewegung befassten, online, kostenfrei und recht benutzerfreundlich aufbereitet ins Netz: Das Medienarchiv 68, das über 6000 überraschende, beschämende und nicht selten kuriose Trouvaillen vereint. Schon die Karikaturen erzählen ganz eigene Geschichten. Die Eskalation des Konflikts lässt sich an der Haartracht der Protestler studieren. Die Mähnen werden wilder und die Bärte sprießen. Im Januar 1967 ist die Spezies Student noch gepflegt ... und der Spaziergangs-Demonstrant allenfalls ein Ärgernis für den Gärtner der Freien Universität.

»Berliner Morgenpost«, 11. Januar 1967

... ein gutes Jahr später kontrollieren verwilderte Gestalten, *linksradikale Randalierer*, den Kurfürstendamm. Unrasierte Wegelagerer haben mitten im ohnehin schon geteilten Berlin einen weiteren Grenzposten eröffnet: die »Übergangsstelle Kurfürstendamm«. Wer fortan ins Café Kranzler will, muss sich zuvor einer haarigen Gesichtskontrolle unterziehen.

BILD, 9. Februar 1968

Im Sommer 1968 sind aus den Rauschebärten wildwuchernde Matratzen geworden. Ein verzotteltes Sit-in hinter schwedischen Gardinen:

BILD, 10. Juli 1968

Die Sichtung der, vor allem in der »Welt«, gelegentlich mäandernd ausufernden Texte verschlingt Wochen. Den Beginn macht eine kurze, einspaltige Meldung vom 2. Dezember 1966, dass Teile der Studentenschaft an der Freien Universität Berlin den Wert des humanistischen Studiums in Abrede stellten. *Die Debatte hielt bei Redaktionsschluß an.* Das letzte Dokument ist ein Rückblick der »Berliner

Morgenpost« auf das Jahr 68, der das Attentat auf Rudi Dutschke, die Osterunruhen unerwähnt lässt, weil im April eine andere Nachricht offensichtlich wichtiger war. *Dem Regierenden Bürgermeister Klaus Schütz wird in Babelsberg die Durchreise durch die Zone verweigert.* Und dazwischen jede Menge turbulenter Zeitgeschichte, hautnah erlebt, mit reichlich Erregung und oft parteilich erzählt. Kann es, von der bayerischen Biergarten-Revolution 1995 abgesehen, als sich Münchens Maßkrug-Schwinger gegen das Vorziehen der Sperrstunde erhoben, eine Revolte ohne Gegenwind geben?

Wer sich bis zum letzten Archivstück durchkämpft, hat sich – so ist es mir ergangen – oft geärgert, dazwischen manchmal laut gelacht und sich am Ende verwundert die Augen gerieben angesichts der vielen konträren, widersprüchlichen und vor allem gänzlich unerwarteten Befunde. Die so unterschiedlichen Berichte aus der BZ-Redaktion, die im Juni 1967 erst auf die *rote Garde von Dahlem* einprügelte – und wenige Tage, mit kaum geringerem Zorn, die polizeistaatlichen Auswüchse beim Schahbesuch attackierte – hatten durchaus Methode. Das Weltbild des Verlegers war fraglos in Schwarz-Weiß gehalten. Und das galt ebenso für die von ihm verpflichteten Kampfschreiber Habe, Schlamm oder Walden. Nicht wenige Redakteure und Kommentatoren indes versuchten, obwohl auf der bürgerlichen Gegenseite positioniert, die Dinge differenzierter zu sehen. Heiter und gelassen, ja mit kaum verhohlener Sympathie, berichteten sogar die Reporter von BILD, etwa als sich im Sommer 67 zwei stadtbekannte Spaß-Guerilleros wegen eines vermeintlichen Aufrufs zur Brandstiftung (»Burn, Warenhaus, burn!«) vor Gericht zu verantworten hatten. Alles halb so schlimm!

> Schützenhilfe von vier FU-Professoren bekamen gestern zwei "Kommune"-Studenten. Fritz Teufel (24) und Rainer Langhans (27) standen unter der Anklage vor Gericht, in Flugblättern zur Brandstiftung in Kaufhäusern aufgerufen zu haben — zum "Vietnam-Gefühl". Ziel der Zettel: die öffentliche Meinung gegen den Vietnamkrieg aufzubringen. Die Professoren aber sagten als Gutachter: "Diese Flugblätter sind klare Satire, Surrealismus, Op-Art." Unter anderem Professor Wapneski: "Vom literarischen Stil will ich nicht reden. Aber der Inhalt ist wie absurdes Theater." Vergleichend: "Das Götz-Zitat würde ja auch niemand als Aufforderung zur Bereitschaft schamverletzender Entblößung ansehen." Professor Taubes zitierte als Beispiel Swift. Der englische Dichter hatte vor 250 Jahren

> einen Vorschlag gemacht, wie die Kinder der Armen nicht mehr dem Lande zur Last fallen würden: "Ein junges, gesundes, gut genährtes einjähriges Kind ist eine sehr wohlschmeckende, nahrhafte und bekömmliche Speise." Taubes: "Niemand hat daraufhin Kinder gegessen."
>
> BILD, 7. Juli 1967

Man staune: Zwecks Entlastung zweier Bürgerschrecks schickt BILD seine Millionengefolgschaft ins literaturwissenschaftliche Oberseminar, das sonst kaum zu den Domänen des Boulevards zählen dürfte. Reichlich vertrackt scheint das Verhältnis, das die APO und ihre zweifellos unerbittlichsten und mächtigsten Gegenspieler über Jahre verband. Manche Feindschaft währt bis heute. Mit dem altbewährten, politisch korrekt verengten Tunnelblick auf ein Feindbild, das nicht verbleichen soll, lässt sich diese rundum verkorkste Beziehung schwerlich begreifen. BILD, BZ die »Berliner Morgenpost« – und vor allem die »Welt« – haben die ungehorsamen, von der Konkurrenz bei ZEIT, STERN und SPIEGEL freilich gern unterstützten Studenten difamiert, verketzert, verhöhnt, als *junge Leute, die ihre Neurosen spazieren führen.* Oder, knapper, als *linksfaschistische Halbstarke.* Nur, es gibt eben auch einen anderen, unbekannten oder nur ungern zur Kenntnis genommenen Teil der Geschichte. Wagen wir also eine Exkursion auf vermintes Terrain, ins Medienarchiv 68, das die Frontberichte aus dem APO-Feindesland vereint.

Der letzte Monat des Jahres 1966, als in Bonn die große Koalition unter Kurt Georg Kiesinger ihre Arbeit aufnahm, begann recht beschaulich. Nur als der südvietnamesische Botschafter die Freie Universität besuchte, hatte es ein wenig Randale gegeben. Die BZ sprach – nun ja! – von einem *Knalltüten-Korps der Berliner Studiker.* Auch die »Morgenpost« war vor Ort und geißelte die johlenden Protestler und Vietkong-Unterstützer als *Rote Garde an der FU*, deren Methoden *von jenseits der Mauer nur allzu gut bekannt sind.* Die üblichen Unterstellungen, derer sich am gleichen Tag freilich auch Blätter aus anderen Häusern befleißigten. Der bürgerlich-liberale »Tagesspiegel«, der Hauptkonkurrent der Berliner Springerpresse, riet der *kleinen Gruppe*, sich um Passierscheine zu bemühen, *die sie Unter die Linden führt, wohin sie aber trotz ihres revolutionären Überschwangs sicherlich gar nicht will. Alternativen können heilsam sein.* Der im kalten Krieg hundertfach variierte Schlachtruf »Geht doch nach drüben!« war keine Kampfparole von Bild & Co. allein.

Nein, das war Zeitgeist, Volkes Meinung, von der Presse aufgegriffen, zugespitzt, verschärft. *Die*

Illusion, als wäre, wenn von der Bild-Zeitung die Rede ist, nur von Bild-Zeitung die Rede, hat Hans Magnus Enzensberger geschrieben, *gehört zu den Lieblings-Illusionen ihrer Kritiker. [...] Insbesondere gehört es zur Lebenslüge der »besseren Presse« und ihres Publikums, auf BILD zu zeigen und zu rufen: Haltet den Dieb! So leichten Kaufes aber kommt niemand davon ...*

Anfang April 1967 hat sich hoher Besuch in Westberlin angesagt. Beinah hätte die Visite ein martialisches Ende gefunden. *Geplant: Bombenanschlag auf US-Vizepräsidenten. Elf Verschwörer gefasst. Acht Mädchen. Sie gehören zur Mao-Gruppe des linksradikalen Sozialistischen Studentenbundes (SDS).* Trotz weltweiter Empörung: zur Sorge bestehe kein Anlass. Die Täter seien dort, wo sie hingehörten, hinter Schloss und Riegel. *Herzlich willkommen, Mister Humphrey*, schrieb Bild in einem rosarot eingefärbten Kasten auf der ersten Seite, *bitte nehmen Sie die Demonstranten nicht so ernst. Mit diesen Bombenlegern werden wir fertig!* Andere Springer-Blätter lieferten die Details. Aus der chinesischen Botschaft in Ostberlin stamme die explosive Mischung. Dank guter Beziehungen habe sie ihren Empfänger zielsicher gefunden. Für den Kommentator der »Welt« hatten die Umstürzler der APO nun ihr wahres Gesicht offenbart.

> Mit der Bombenaffäre jedenfalls ist die Grenze zwischen politischem Radikalismus und Kriminalität überschritten. Eine extreme studentische Minderheit konnte nur durch das Eingreifen der Polizei daran gehindert werden, ihre anarchisch revolutionären "Ideen" unter unabsehbaren politischen Folgen in die Tat umzusetzen. Und es paßt durchaus zu der Vorstellungswelt dieser Gruppe, daß sie engen Kontakt zur rotchinesischen Botschaft in Ostberlin hatte. [...] Die Berliner Bevölkerung empfindet angesichts des geplanten Anschlages auf Hubert Humphrey Abscheu und Empörung. Sie hat ein Recht darauf, daß dem Treiben einer unverantwortlichen studentischen Minderheit eine Schranke gesetzt wird. [...] Die "rotchinesischen" Bomben sollten, auch ohne daß sie explodiert sind, den Anstoß zu einer längst fälligen Bereinigung bilden.
>
> "Die Welt", 7. April 1967

Zu dumm nur, dass die Räuberpistole jeder kriminalistisch relevanten Grundlage entbehrte ... Fritz Teufel und zehn seiner Freunde – darunter, was wiederum den Verdacht der »Morgenpost« bestärkte, der Bruder des ohnehin verdächtigen Hans Magnus Enzensberger – hatten dem Vizepräsidenten des in Vietnam Napalm abwerfenden Verbündeten nur eine Buttercreme-Torte an den Kopf werfen wollen. Der vermeintliche Sprengstoff aus China entpuppte sich, bei genauerem Hinsehen, als ruchlose Rezeptur aus Joghurt, Backpulver und Mehl. Als »Pudding-Attentat« ist die Aktion in die Annalen der Kommune 1 eingegangen. Der Haftrichter hat schon am nächsten Morgen kapituliert und Catilinas anarchische Nachfahren umgehend auf freien Fuß gesetzt. Nicht aus Mangel an Beweisen, sondern wegen erwiesener Unschuld.

Springers Redakteure aber mochten, in diesem Falle: ausnahmslos, von der Geschichte nicht lassen, die sie da in ihrer Gerüchte-Küche angerührt hatten. Sie prophezeiten Teufel und seinen Mitkonditoren fünf Jahre Zuchthaus. Jetzt schien die Stunde der Abrechnung gekommen. Die Rädelsführer, die sie genasweist hatten, hinter Gittern zu wissen. Allein die Vorstellung schien zu schön, um wahr zu sein. Die Backmischer waren schon wieder freie Bürger, als BILD eine Karikatur druckte, die einiges über die Wunschträume der schneidigen Blattmacher zu verraten scheint.

Studentenfutter

BILD, 7. April 1967

Und doch, bleibender Schaden ist am Ende für keine Seite entstanden. Hubert Humphrey wurde von Tausenden Berlinern umjubelt und kehrte heiler Haut nach Washington zurück; die Kommunarden, die – wie überliefert – zur Manifestation der eigenen Bedeutung – fast zwanghaft jeden sie betreffenden Zeitungs-Schnipsel archivierten, kämpften wieder lustvoll gegen die bürgerliche Kleinfamilie ... und die Kollegen von BILD haben sich damals von einer kleinen Falschmeldung gewiss nicht kirre machen lassen. Manchmal scheint es, als seien die Antipoden in symbiotischer Schicksalsgemeinschaft vereint, die Studenten und die Springerleute. Vielleicht haben sie sich tatsächlich gehasst, vor allem aber sie haben einander gebraucht. *Sie gehören untrennbar zusammen: »Bild«, »BZ«, »Morgenpost«, eine hysterische Polizei und jene Provos, die von ersteren aus ganz Europa magisch nach Berlin gezogen werden*, schrieb in der ZEIT Kai Hermann, fasziniert vom Puddingattentat, *wo sonst könnte man auch als verhinderter Buttercremewerfer die Aufmerksamkeit der Welt auf sich lenken?*

Keine zwei Monate später, im Juni 1967, war die Zeit der Tortenschlachten vorbei. Die BZ druckt ein Foto, zweispaltig gesetzt, das unter die Haut geht. Ein junger, weiß gekleideter Mann liegt in einer Hofeinfahrt. Er hält die Hände schützend vors Gesicht. Zwei Berliner Schutzmänner knüppeln auf ihn ein. Es ist die Nacht des fatalen Schah-Besuchs. Die diensthabenden Redakteure zeigen Haltung. *So nicht!*, schreiben sie in fetten Lettern unter die grausige Momentaufnahme, die nur eine von vielen war. *Dieses Foto zeigt eine der Szenen, in denen Polizisten jede Beherrschung verloren haben. Ein Demonstrant liegt am Boden. Dennoch prügeln Beamte auf ihn ein.* An diesem Abend wird Benno Ohnesorg von einer Polizeikugel tödlich getroffen. Sekunden zuvor soll er, sagt ein Zeuge, um sein Leben gefleht haben. *Bitte, bitte nicht schießen!* Wenige Tage danach ist in der BZ unter dem Titel »Der Schah, wir Studenten und Sie«, groß aufgemacht, der nachdenkliche Text von Gerhard Maurer, eines jungen Politologie-Doktoranden am Otto-Suhr-Institut der FU, zu lesen.

> Aus Berichten über Folterungen in Gefängnissen, politische Morde, Unterdrückung jeder Opposition und himmelschreiende soziale Ungerechtigkeit gewannen viele von uns die Überzeugung: Wenn schon unsere Regierung den Besuch des verantwortlichen Machthabers dieses Staates durch das Abziehen einer "Supershow" zu einem Reklamefeldzug macht, der dieses despotische Regime unterstützt, müsse es unsere demokratische Pflicht sein, durch Protestaktion den Berlinern und dem Monarchen deutlich zu verstehen zu geben, daß es im freien Berlin Menschen gibt, die es unwürdig finden, einen solchen Mann derart zu feiern.
> Auf den Vorwurf, die Wahl der Demonstrationsform sei nicht angemessen gewesen, habe ich folgendes zu bemerken. Es wurden Transparente und Spruchbänder gezeigt, es wurde mit

Tomaten und Eiern geworfen. Abends vor der Oper gab es sogar "Rauchbomben" nach Amsterdamer Vorbild, die die Polizisten aufhoben und vorschriftswidrig in die Menge der Demonstranten zurückwarfen. Erst die Untersuchungen der Staatsanwaltschaft werden endgültig klären, wer die ersten Steine warf. Nun, ich billige dieses Verhalten nicht. Bis auf eine verschwindend kleine Stelle mißbilligt die Berliner Studentenschaft solchen Mißbrauch des Demonstrationsrechts. Der Konvent der FU hat eine Politik des gewaltlosen Widerstands beschlossen. Aber ich habe ein wenig Verständnis für meine Kommilitonen, die als letztes Mittel mit Eiern warfen, weil ihre Rufe nicht gehört wurden. Kein Verständnis aber habe ich für das nachfolgende unglaublich brutale Einwirken der Polizei auf fliehende oder gar bereits festgenommene Demonstranten. [...]

Auf den Vorwurf, wir Studenten sollten uns gefälligst so artig und brav benehmen, wie die Studenten der Technischen Disziplinen und Fachschulen, wäre zu antworten, daß es nur natürlich ist, daß es an einer Universität, an der geisteswissen-

> schaftliche Fächer gelehrt werden, mit der Politik Unruhe gibt, ja Unruhe geben sollte. BZ, 13. Juni 1967

Ein wenig mulmig war es den alten Haudegen von der BZ offenkundig schon, als sie Maurers höfliche, aber deutliche Worte druckten. Der Beitrag solle, hieß es im Vorspann, *lediglich die Meinung der Studenten und nicht die der Redaktion wiedergeben.* Die Kollegen vom »Hamburger Abendblatt« hatten diese Bedenken nicht und übernahmen Maurers Nachdenklichkeiten drei Tage später ohne distanzierenden Appendix. Das Feindbild Springer bekommt Kratzer. Die betörend einfache These vom Zeitungskapitalisten, der das politische Klima der geteilten Stadt mit Hilfe eines Bataillons abgerichteter Gesinnungsschreiber zielstrebig vergiftete, lässt sich angesichts dieser Fakten kaum halten. Der Fall ist komplizierter, widersprüchlicher, aufregender vor allem als bislang meist angenommen.

Die BZ war es, die Berlins Polizeipräsidenten die Stirn zeigte, als der sich vor einem Untersuchungs-Ausschuss aus der Verantwortung für die Übergriff beim Schahbesuch herauslügen wollte. Es war die BILD-Zeitung, die einem 33-jährigen, allenfalls in Fachkreisen bekannten Rechtsprofessor der FU beipflichtete, der Grenzen für Einsatzkräfte in

Zivil einforderte. *Üben sie Staatsgewalt aus, müssen sie sich als Polizisten ausgeben.* Der Gutachter hieß Roman Herzog. Es war die »Welt«, die Anfang Januar 1968 einen Gastkommentar des Bremer Studentenpfarrers Walter Lück publizierte, der um Verständnis für Rudi Dutschke warb, der beim Weihnachtsgottesdienst in der Gedächtniskirche die Kanzel gestürmt hatte. Es war das »Hamburger Abendblatt«, das die Forderungen der Studenten nach Rundumerneuerung der Universitäten unverhohlen unterstützte. *Mag sein, daß die Studenten zu laut darüber sprechen, die Professoren sprechen jedenfalls zu leise darüber. Und vielleicht wollen die Studenten beizeiten und vernehmlich darüber reden, weil sie nicht in die Lage ihrer Väter kommen wollen, die angesichts staatlicher Autorität früher einmal zu zuvielen Dingen schweigen mußten oder geschwiegen haben.*

Die »Welt« war es auch, die Anfang Juli 1967 zu einer freimütigen Debatte rief und drei Politiker einlud, *zu der Unruhe an den Universitäten* Stellung beziehen. Das Trio schien bemüht, sich gegenseitig in toleranter Gesinnung zu überbieten. Selbst der Vertreter der Christdemokraten, der Kulturexperte Berthold Martin, ein Mann aus der zweiten Reihe, räumte ein, Senat und Alma Mater hätten *teilweise zu stark den Ordnungsstandpunkt hervorgekehrt und die Konfliktlosigkeit zur Richtschnur ihres Handelns gemacht.* Helmut Schmidt, damals Vorsitzender der sozialdemokratischen Bundestagsfraktion, tat sein *volles Verständnis für die Verärgerung der Studenten* kund und knurrte, dass *Ruhe (oder Jubeln)* nun einmal nicht oberste Bürgerpflicht sei. Also nur nicht das Demonstrationsrecht begrenzen! Ein wenig mehr *politischer Takt* schien ihm, der seine staatsmännische Berufung nicht leugnen konnte, aber doch geboten. *Es gibt viele Staaten auf der Welt, deren gesellschaftlicher Struktur und Verfassungswirklichkeit wir keineswegs gleichgültig gegenüberstehen – von der Sowjetunion über Südafrika und Spanien bis Kuba. Ob wir deren offiziellen Abgesandten so gegenübertreten sollten, wie jüngst gegenüber dem Schah geschehen, will mir politisch höchst zweifelhaft erscheinen.*

Die »Welt« einmal nicht als Kampfblatt, sondern als Forum eines prominent besetzten Diskurses! Bundestags-Vizepräsident Thomas Dehler, der dritte Kombattant, hat dort, wenige Tage vor seinem Tod, den Mangel an gelebter Freiheit in der Bundesrepublik beklagt, die dem verdienten Liberalen ursächlich für *Unbehagen, Unruhe, Sorge* zu sein schien. *Wir haben eine freiheitliche Verfassung, wir leben aber nicht in der Verfassung der Freiheit, sie wird nicht als hoher Wert empfunden, weil sie nicht vorgelebt und deswegen für unsere Menschen, vor allem für unsere Jugend nicht glaubwürdig ist.* Das war ein kleines Testament. Ein paar Wochen später, noch immer unter dem Eindruck der Geschehnisse des 2. Juni, hat die »Welt«-Redaktion dann fünf Vertreter der Studentenschaft zum offenen Schlagabtausch gebeten, an dessen Ende Reimut Reiche vom SDS, gänzlich unzensiert, von der großen Revolution und, in konkreter Utopie, auch vom Untergang des Hauses Springer träumen durfte. Die »Welt« stellte ihren Kontrahenten schon einmal die Produktionsmittel zur Verfügung:

> Im Spiegelbild der Presse erschien der Protest gegen die Brutalität der Polizei und gegen das Versagen der Regierungsadministration nur noch am Rande. Die Erschießung von Benno Ohnesorg wurde zu einem schicksalhaften Unglücksfall stilisiert, dem die private Trauer seiner Kommilitonen zuteil wird. Spätestens an diesem Punkt hat ein großer Teil der Studentenbewegung, die weit über die politischen Studentengruppen hinausreicht, die Durchbrechung der Demokratie durch Konzentration und Gleichschaltung erkannt und die Forderung erhoben, den Springerkonzern als die Inkarnation dieser Gleichschaltung zu enteignen und zu demokratisieren. [...] Die Studenten sind unruhig. In den Ferien wird der Plan für die Aktionen erarbeitet werden,

> die anstehen: die große Kampagne für die ökonomische Entflechtung und die politische Demokratisierung der Presse in der Bundesrepublik und in Westberlin, voran des Pressemonopols, das den überwiegenden Teil der "Meinung" beherrscht.
>
> "Die Welt", 26. Juli 1967

Der Diensthabende, der die Veröffentlichung des verwegenen SDS-Papiers absegnete, das bei der in den Semesterferien anstehenden Konzern-Enteignung auch für die »Welt« und ihre Macher keine Gnade vorsah, muss ein Mann mit recht dickem Fell gewesen sein. Eine süffisante Fußnote hat er sich aber doch nicht verkneifen können. *Die »Beseitigung« des Hauses Springer wurde zum ersten Mal von Walter Ulbricht gefordert, als er am 21. April 1966 zum 20. Gründungstag der SED »über die Möglichkeiten der konföderierten deutschen Staaten« sprach.* Flugs noch einmal die Spitzbartkeule herausgeholt! Ein Totschläger, der wirkungsvoller gewesen wäre, war in der Frontstadt nicht zu haben.

Die auf den allerletzten Zeilen durch einen kleinen Appendix vergiftete Druckseite, die ansonsten die ideologischen Positionen der Studenten in Selbstzeugnissen eindrücklich dokumentierte, deutet auf eine tiefe innere Zerrissenheit. Es gab auch bei Springer nicht wenige Redakteure, die schienen – das macht viele Fundstücke aus dem Zeitungsarchiv so überraschend – tatsächlich bemüht, über den eigenen Horizont zu springen, die jungen Rebellen zu verstehen, die sie – eher fassungslos, verängstigt als wirklich böse – *FU-Chinesen* nannten. Rätselhafte Wesen aus einer anderen Welt! Selbst über Fritz Teufels Späße im Gerichtssaal haben sie manchmal mit gequälter Miene gelacht. Und sind dann doch auf das zurückgefallen, was sie am besten kannten: auf die Stereotypen des Kalten Kriegs.

Wenn sonst nichts mehr half, haben sie versucht, die Studentenbewegung als Handlanger des Ostens in Misskredit zu bringen: Der Zonenflüchtling Dutschke sei von Ulbricht und den Seinen zu einer Urlaubsreise nach drüben eingeladen worden. Schlimmer noch: *SDS-Dutschke liebäugelt mit der Westberliner SED*. Ein andermal kokettiert er mit den Nazis. Ist doch eh alles dasselbe! Eine BZ-Karikatur im »Stürmer-Stil« zeichnet ihn, zwei Monate bevor er zum Opfer eines Attentats wird, als Untermenschen, zur unrasierten Fratze erstarrt. Zu seinen Füßen sitzen Männer mit verdächtig krummen Nasen. Auf seiner Gürtelschnalle steht SDS, in Nazi-Runen geschrieben. Ein paar Tage zuvor hat ihn die »Welt am Sonntag« als *NS-Dutschke* an den Pranger gestellt.

"Als ich vor Jahren als unbekannter Student..."

BZ, 15. Februar 1968

Schier manisch scheinen die Springer-Zeitungen darauf fixiert, den in der ganzen Republik hochkochenden Aufruhr auf einen Kopf zu reduzieren, auf einen *fanatischen Linksradikalen*, wie BILD schrieb, der am Ende *das Opfer des von ihm gepredigten Hasses wurde*, kurzum selbst schuld sei an dem Attentat auf seine Person. Eine Karikatur in der »Welt« empfahl dieses kranke Hirn zur eingehenden Untersuchung. Irgendwo zwischen Hippocampus und Amygdala ist die Ursache für den Aufruhr und dem damit verbundenen Ärger wohl zu verorten.

»Die Welt«, 11. Februar 1968

Irgendein Sündenbock wird sich doch finden, auf den sich der traurige Umstand schieben lässt, dass der Springerkonzern über Nacht von aller Welt verachtet wird, boykottiert, mit Steinen beworfen. Zum verhassten Stellvertreter der restaurativen Gesellschaft erklärt. Im November 1967 erklärt der SDS in einer »Resolution zum Kampf gegen Manipulation und für die Demokratisierung der Öffentlichkeit«: *Unser Kampf gegen Springer ist ein Kampf gegen das spätkapitalistische Herrschaftssystem selbst.* Das sieht die Gegenseite genauso. Anders ist nur ihr Vokabular. *Sie sagen »Springer« und meinen unsere freiheitlich demokratische Grundordnung*, schreibt S. v. Z in einem anonymen Leserbrief an die »Morgenpost«, die Volkes aufgebrachte Meinung gern und zahlreich abdruckt, als im Februar 1968 erstmals die Scheiben in den eigenen Filialen klirrten. *Sie fürchten das Haus Springer, weil es dem Volk in seinen Zeitungen die Wahrheit sagt.* Derlei (mag sein: bestellte) Texte sind Balsam auf den geschundenen Seelen der Belegschaft, die den Wandel der Zeiten nicht recht versteht.

War zwei Jahre zuvor nicht Günter Grass höchstpersönlich am Buffet zur Eröffnung des Verlagshochhauses an der Mauer erschienen? Und nun drosch *der Dichter mit der Dreckschleuder* – Originalton BILD – auf vermeintliche Faschisten ein, die dort ihren Dienst verrichteten. *Grass*, empörte sich BILD im September 1967, *erfindet die Springer-Sippe und den Springer-Juden.* Derlei Empfindlichkeit, ausgerechnet unter den Hohenpriestern des Boulevards, verwundert. So unsäglich der Faschismus-Anwurf des Großdichters auch war: Nicht Grass war es, der im Herbst 1967 mit den elenden Analogien zur Nazi-Zeit begonnen hatte. Am 3. Juni 1967 meldete BILD den Tod von Benno Ohnesorg. Es war ein Nachruf der besonderen Art. Ein Epilog ohne Mitgefühl:

> Ein junger Mann ist gestern in Berlin gestorben. Er wurde Opfer von Krawallen, die politische Halbstarke inszenierten. Genau wie ein Mann in Uniform, der durch Steinwürfe nur deshalb schwer verletzt worden, weil er einen Gast unserer Stadt, den Schah, schützen wollte. Gestern haben in Berlin Krawallmacher zugeschlagen, die sich für Demonstranten halten. Ihnen genügte der Krach nicht mehr. Sie müssen Blut sehen. Sie schwenken die rote Fahnen und sie meinen die rote Fahne. Hier hören der Spaß und der Kompromiß und die demokratische Toleranz auf. Wir haben etwas gegen SA-Methoden. Die Deutschen wollen keine braune und keine rote SA. Sie wollen keine Schlägerkolonnen, sondern Frieden. BILD, 3. Juni 1967

In den Redaktionsstuben scheint der stete Sinneswandel Programm: Mal sind die Studenten braune Horden, ein andermal die rote Garde. Mal versteht man ihre Sorgen, ihr Drängen auf Veränderung. Man druckt gar ihre aufmüpfigen Texte. Dann wiederum macht man sich die tollkühne Schlussfolgerung eines amerikanischen Hochschullehrers zu eigen: *Der Student komme auf die Uni, um zu lernen. Genauso wie der Patient ins Kran-*

kenhaus komme, um geheilt zu werden. Studenten aber könnten eine Hochschule ebensowenig leiten wie Patienten ein Krankenhaus. Mal ist Dutschke der Dämon der Weltrevolution, dann wiederum lesen wir, Februar 1968, in einem BZ-Kommentar: *Es ist ein Unding, einen Dutschke zum Volksfeind Nummer 1 stempeln zu wollen.*

Stromlinienförmige Berichterstattung kommt anders daher. Wissen Springers Leute noch, wo und wofür sie stehen? Immer wieder – denken wir an den relativierenden BZ-Vorspann zu Gerhard Maurers mutiger Selbstauskunft – heben sie Texte ins Blatt, um sich sogleich wieder von ihnen zu distanzieren. Das gilt auch für die Hasskolumnen des berüchtigten William S. Schlamm. Der Sohn eines jüdischen Kaufmanns, 1904 in Galizien geboren, schien die Inkarnation einer denkwürdigen Wandlung. Einst Weggefährte Wilhelm Reichs, Mitglied der KPÖ, der österreichischen Kommunisten, hat er im amerikanischen Exil geräuschvoll mit den Positionen der Jugend gebrochen und wurde Gefolgsmann von Joseph McCarthy – und dann, nach seiner Rückkehr, erzkonservativer Einbläser von Springer. Dessen Redakteure aber haben auch dem überzeugten Renegaten nicht über den Weg getraut und unter jede seiner Auslassungen einen Warnhinweis gesetzt. *William S. Schlamm nimmt in WELT am SONNTAG regelmäßig zu aktuellen Fragen Stellung. Seine Meinung deckt sich nicht in jedem Fall mit der Meinung der Redaktion.* Nur, hat es sie jemals gegeben, die behauptete einheitliche, am Ende gar konzernumspannende Position?

Schlamm etwa hat im Februar 1968, nach den in Gewalt ausufernden Protesten rund um das geplatzte Anti-Springertribunal, einen Kommentar geschrieben, der wohl zum Widerwärtigsten gehört, was die Verlagsblätter je druckten: *Rabauken und Rebellen* – ein Lehrstück im Handwerk der demagogischen Verleumdung:

> Den SDS mit SA und SS zu vergleichen, gilt in Deutschland als unschicklich. Mehr und schlimmer noch, es gilt geradezu als "unwissenschaftlich". Aber ehe man vor solchen Warnungen erschrickt, sollte man die Tatsachen und Argumente prüfen. [...] Gerade in der Motivation hat der SDS den jungen Nazis von 1932 nichts voraus. Die nazistischen Studenten, die vor 35 Jahren Bücher ins nächtliche Feuer warfen, waren über die "jüdische Literatur" nicht weniger aufrichtig erbittert als die SDS-Gardisten über die "Springer-Presse." [...] Wichtig ist überdies, daß aus diesen fanatisch-hübschen jungen Gesichtern eine gemeine Freude am Un-

> behagen ihrer Umgebung strahlt. Daß die SA sich an der Pein des Juden freute und der SDS sich an der Pein des "Bürgers" freut, ist unwichtig; wichtig ist die boshafte Gemeinheit dieser Freude. Jawohl, auch ich rieche Neonazismus in Deutschland — wann immer ich der kecken Selbstsicherheit und der gemeinen Freude des SDS begegne.
>
> "Welt am Sonntag", 18. Februar 1968

Die paranoide Brandrede glich einem Kotau vor dem von vermeintlichen Neonazis angegriffenem Verleger. Dessen Freunden in Israel, die um die Gräueltaten der wirklichen SA- und SS-Männer oft aus eigener Anschauung wussten, könnten Schlamms infame Invektiven aber auch wie eine Verhöhnung des eigenen Leids erschienen sein. Wer die Verbrechen von Hitlers Mordbataillonen explizit mit dem Ungehorsam und der gelegentlichen Rechtsbeugung der 68er gleichstellt, der tut nicht nur den Studenten gehörig unrecht, der bagatellisiert auch die Verbrechen des Holocaust-Staats. Und diese Praxis hatte in Springers Redaktionsstuben Methode.

Ohne Zweifel, die meisten Berichte, Kommentare und Karikaturen, die das digitale Medienarchiv 68 verwahrt, changieren im Tonfall zwischen Unverständnis, Hass und Verachtung. Daran ändern auch einige überraschende Ausnahmen wenig. Und doch, aller Unversöhnlichkeiten, aller Verleumdungskampagnen zum Trotz: Gelegentlich, selten genug, hat der Konzern seinen Feinden auch freudig Waffenstillstillstand angeboten. Im November 1967 in einem Berliner Gerichtssaal etwa. Da bröckelten die Fronten. Da ließ sich Fritz Teufel bereitwillig bei der Lektüre des Leib-und Magen-Blatts der entmündigten Massen ablichten. Und der Berichterstatter revanchierte sich prompt mit der Nachricht, dass nun auch der Kommunarde einer der ihren sei. *Einer der vielen Millionen BILD-Leser: Fritz Teufel in Moabit.* Willkommen im Club.

BILD, 30. November 1967

5. Bespitzelt Springer!

BANANEN GAB ES bisweilen. BILD gab es nie. Wie hinreichend bekannt, und nicht von jedem beklagt, waren Springers Postillen an keinem ostdeutschen Kiosk zu erwerben. Der Feind aller Roten im doppelten Sinne des Worts schien in der DDR nicht vorhanden – der anti-imperialistische Schutzwall hatte auch ihn ausgesperrt – und doch war er allgegenwärtig, in der Berliner Normannenstraße zumindest, in der Trutzburg der Stasi. Für die war der notorisch Abwesende ein Zielobjekt besonderer Güte. *In der Bekämpfung der von Massenmedien der BRD und Westberlin ausgehenden massiven Angriffe gegen die DDR bildet der Springer-Konzern einen wesentlichen Schwerpunkt*, vermerkt ein Oberst der Spionageabwehr 1976. Und da der Kalte Krieg nun einmal auch von der Paranoia lebt, haben Mielkes Leute eine knappe Hundertschaft von Spitzeln auf den in seinem Einfluss einmal mehr gar zu ernst genommenen Medienkapitalisten angesetzt. Manche der hochkonspirativen Manöver hatten das Zeug zum großen Spionage-Film.

Da war vor allem die Geschichte mit Rosie K. – ihr Anwalt, der auch der Advokat von Günter Wallraff ist, hat verboten, den Klarnamen zu nennen. Ihre Geschichte mit IM Gerd aber werden wir dennoch erzählen. Sie kannten einander aus vegangenen Tagen in der DDR. Er war einmal ihr Vorgesetzter. Doch Rosie und der schöne Gerd, der im wirklichen Leben Horst heißt, verloren sich aus den Augen, als Rosie, die gelernte Handelskauffrau, ihren Horst Horst sein ließ und 1961 Republikflucht beging. Da war sie 22.

Schon bald findet sie eine Anstellung im Springer-Verlag. Auf einem Betriebsfest verbandelt sich Rosie – dieses Detail ist wichtig – mit einem Vorstandsmitglied des Konzerns. K. freilich ist verheiratet, verschafft der Geliebten aber einen formidablen Job in der Springer-Chefetage, als Sekretärin des Vorstands. Jahre vergehen. In den frühen Siebzigern erfährt die Stasi von all dem. Die Frau in unmittelbarer Nähe des Verlegers scheint die ideale Quelle. IM Gerd, ein verlässlicher Mann, mit Verdienstorden dekoriert, wird angewiesen, den Kontakt zu Rosemarie wieder aufzunehmen. Gerd alias Horst, der bei seiner Verpflichtung erklärt hatte, er sei, wenn's ums Vaterland ginge, bereit, bis zum Äußersten zu gehen, erfüllt, so die Akten, seine Mission verlässlich, als »Romeo«, wie Geheimdienstler, ein wenig romantisierend, die Beischläfer im Staatsauftrag nennen.

Rosie, die – diese Aussage zumindest erlaubt das Stasi-Unterlagengesetz – früher einmal Rosemarie Hanke hieß, residiert heute in einer noblen Villa hoch im Norden. Swimmingpool und Dienstbotenhaus inklusive. Das stolze Anwesen hat ihr der mittlerweile verstorbene Mann aus dem Springer-Vorstand hinterlassen. Immerhin, sie hat ihn doch noch heiraten dürfen, nachdem seine vorige Gemahlin den Weg alles Irdischen gegangen war.

Im Sommer 2009 bin ich der vitalen Siebzigerin bei Dreharbeiten für eine ARD-Dokumentation, die sich mit der Unterwanderung des Springer-Konzerns durch die Stasi beschäftigte, einmal kurz begegnet. Ich habe an ihrem Gartentor geklingelt. Wir bauen vor der Garage die Kamera auf. Rosie beäugt uns durch die Gardine. Irgendwann kommt mir eine Frau mit blondem Haar entgegen. Für ihr Alter sieht sie blendend aus. Ob wir für »Google Earth« ihr Grundstück vermessen, möchte sie wissen. Als ich ihr sage, dass wir einen Film über Springer drehen, entgleiten ihre Gesichtszüge. Sie bittet mich, ihr ins Haus zu folgen. Drinnen, umgeben von reichlich Plüsch und Nippes, wird sie laut. »Was sollen nur die Nachbarn denken!« Auf Gerd ist sie nicht mehr gut zu sprechen. Der habe sie gehörig reingelegt.

Ich aber hätte gerne gewusst, warum sie, vor der kein vertrauliches Dokument sicher war, über Jahre ihren Arbeitgeber systematisch verriet. Sogar über Springers angegriffenen Gesundheitszustand hat sie haarklein berichtet. Wie war das, mehr und mehr in die Fänge des Ministeriums für Staatssicherheit zu geraten und erpressbar zu sein? Nach der Wende erst recht. Sie hätte, postum zumindest, Aufklärung leisten können. Doch Rosie, die stolz darauf ist, dass ihr Friede Springer bis dato jedes Jahr pünktlich zum Geburtstag gratuliert, zieht es vor, nach einem Anwalt zu rufen, der verhindern möge, dass die Geschichte eines, mit Verlaub, recht infamen Vertrauensbruches publik werde.

In den Stasi-Dokumenten als informelle Mitarbeiterin, als »IM Grunewald« geführt, hat sie von 1974 bis 1988 in Springers Chefetage Tausende von Aktenstücken kopiert und für Gerd mit nach Hause genommen. Er habe ihr erzählt, beruflich im Auftrag des DDR-Außenhandels unterwegs zu sein und, nebenbei, über einer komplizierten wissenschaftlichen Arbeit zur Presselandschaft in der Bundesrepublik zu brüten. 15 volle Jahre! Es muss eine wahrlich enzyklopädische Anstrengung gewesen sein, die nach immer neuen Materialien verlangte.

Rosie sei eine ungemein verlässliche Bürokraft gewesen, erinnerte sich, wenige Monate, bevor er 2010 mit fast 97 Jahren starb, der langjährige Springer-Vertraute, der jüdische Publizist Ernst Cramer, der ein vornehmer und kultivierter Zeitgenosse war. Eine Ausnahme-Erscheinung in diesem Verlag. Ein Mann zwischen den Fronten, Sebastian Haffner ebenso zugetan wie eben Axel Cäsar Springer. Unter anderem als Herausgeber der »Welt am Sonntag« hat er über Jahre mit Rosie zusammengearbeitet und ist, wie er sagte, *aus allen Wolken gefallen*, als er Mitte der Neunzigerjahre, nach der Auswertung der Stasi-Akten, vom Doppelleben der einstigen Mitarbeiterin erfuhr.

Denn eine ungemein verlässliche Kraft war Rosie auch für die Stasi. Die wurde prompt informiert, wenn der Verleger sich, kurze Drähte nutzend, bei Franz Josef Strauß über eine unbotmäßige WDR-Produktion beklagte oder einen persönlichen Brief an den Dissidenten Solschenizyn schrieb. Augenblicklich durchgereicht wurde ebenso die Post an Kanzler Schmidt. Sekretärin Rosemarie, die bis heute eine satte Konzernrente bezieht, gab Ende der Siebzigerjahre selbst Springers hochsensible Interventions-Schreiben für den in der DDR verfolgten Wehrdienstverweigerer Nico Hübner weiter. Der Sohn eines Dozenten an der SED-Parteihochschule »Karl Marx« hatte seinen Entschluss, sich dem Waffengang zu widersetzen, nicht mit seinem Gewissen, sondern mit dem Verweis auf den von den Alliierten einst beschlossenen entmilitarisierten Status Berlins begründet – und wurde verhaftet.

Hübner hat sich hilfesuchend an Axel Springer gewandt, der für viele Dissidenten die allerletzte Hoffnung war. Das Verlegerbüro mit dem freien Blick aufs Feindesland entwickelte sich über die Jahre zu einem perfekt vernetzten Ausreise-Unternehmen. Gerade im Fall Hübner, der sich publizistisch auch für die eigenen Zwecke ausschlachten ließ, hat Springer Himmel und Hölle in Bewegung gesetzt, bei Kanzler Schmidt, dem CDU-Vorsitzenden Kohl, beim amerikanischen Präsidenten Carter, ja sogar bei der UNO, die Freilassung, sprich den Freikauf des jungen Häftlings in der Justizvollzugs-Anstalt Bützow gefordert. Was der Frontstadtkämpfer nicht ahnte: Der Feind hatte Späher und war über jeden seiner Schritte bestens im Bilde.

Knauserig war die Stasi nicht, wenn es galt, Rosemarie bei Laune zu halten. *Es wird vorgeschlagen*, notierte Gerds Führungsoffizier Wenzel, *für die Weiterentwicklung des Kontakts zu IM »Grunewald« einen Schreibsekretär im Wert von 1200 DM in Westberlin zu beschaffen*. Romeo Gerd bekam harte Valuta ausbezahlt, um etwa im Westen Schmuck oder eine wertvolle Kristall-Lampe zu kaufen für Rosie, die sich, nach Aktenlage, nur ein wenig revanchieren wollte, weil sich ihr Springer-Vorstand K. – es ist die alte Geschichte! – aller gegenteiligen Beteuerungen zum Trotz nicht von seiner Angetrauten trennen mochte. Meissner Porzellan aber schien Rosies Leiden spürbar zu lindern. Ein andermal war es ein Beethoven-Konzert in der Staatsoper Unter den Linden. Die Stasi hat jede Gabe haarklein aufnotiert.

Vorweihnachtliche Gabe der Stasi, 1977: ein Schmuckstück für Rosie

Wer war nur dieser Teufelskerl, der die politisch äußerst konservative Frau aus Springers nächstem Umfeld zur Kooperation mit dem DDR-Geheimdienst bewegte, dessen Verbrechen das Unternehmen, dem Rosie diente, so beharrlich anklagte? Die

Akten dokumentieren: IM Gerd, bürgerlich Horst Dressler, war seit jungen Jahren bei der »Firma« und hat schon 1965 eine Verpflichtungs-Erklärung für die Stasi unterschrieben. Bei seinem größten Einsatz fürs Vaterland ließen sich Mielkes Mannen nicht lumpen.

Um so ein Stelldichein inspirierend auszustatten, wählten die Führungsoffiziere des MfS fürwahr malerische Ziele. 1979, im Wonnemonat Mai, durfte das Paar ins Ostseebad Warnemünde reisen, ins legendäre Hotel »Neptun« mit Meeresschwimmhalle, einem Grillrestaurant namens »Goldbroiler« und der »Skybar«, die zum Tanz unter den Sternen lud. Eine touristische Top-Adresse direkt am Strand, wenn auch von der Stasi flächendeckend verwanzt. Die Agenten im geheimen Schaltraum belauschten die Zwei bis in die späten Abendstunden – und meldeten Vollzug. Die Weihnacht 1983 haben die beiden in einem Anwesen am lauschigen Scharmützelsee verbracht, das die Stasi als konspiratives Objekt »Steg« unterhielt. Die HO Fürstenwalde lieferte – auf Kostenstelle Mielke – Filets, Ananas, frische Champignons und Badespray.

Anders als der gemeine Bundesbürger musste sich Rosie, wenn es zu Gerd ging, mit langwierigen Kontrollen an der Staatsgrenze nicht plagen. Man hat sie regelrecht *durchgeschleust*, haben Jochen Staadt und sein Team vom Forschungsverbund SED-Staat herausgefunden, als sie 2009 die Bespitzelung des Springerkonzerns durch die DDR-

Staatssicherheit in einer wissenschaftlichen Studie dokumentierten. *Die als DDR-Grenzkontrolleure eingesetzten Stasioffiziere waren angewiesen, ihren Pass nicht mit einem Einreisestempel zu versehen. Für die Zeit ihres Aufenthaltes in der DDR erhielt sie gefälschte Personalunterlagen, die auf ihren Namen ausgestellt waren und von ihr selbst unterschrieben wurden.* Bei der Ausreise hatte sie die Dokumente wieder abzugeben. Nur keine Spuren zurücklassen! Dubios sei ihr all das niemals vorgekommen, hat Rosie später bei der Staatsanwaltschaft ausgesagt, als der Fall nach der Wende ruchbar wurde.

Bis zu zwanzig Mal per annum hat sie mit ihrem Gerd geplauscht. Als die Mauer gefallen war, hat Rosie sich nicht mehr erinnern können. Andere hätten von einer Weihnacht am Gewässer mit den weiten Himmeln vermutlich noch nach Jahrzehnten geschwärmt. War das nun grober Undank oder Amnesie? Und doch, die Sausen mit Gerd sollten Rosie teuer zu stehen kommen, wenn auch erst Jahre später. 1993 muss sich die Sekretärin wegen des Verdachts der Agententätigkeit vor Gericht verantworten. Sie ist ohne Haft davongekommen. Das Verfahren wird gegen 8000 D-Mark Bußgeld eingestellt. Sie beteuert, dass sie von ihrem Amigo, der längst mit einer anderen lebt, arglistig hinters Licht geführt wurde. Ob das die ganze Wahrheit war? Jochen Staadt hält es für *nahezu ausgeschlossen*, dass

Rosie ihre eigentliche Bestimmung nicht zumindest billigend in Kauf genommen hat: als verlässliche Quelle der DDR-Staatssicherheit zu sprudeln.

Und doch, gemessen an einer anderen Staatsaktion in der Causa Springer war der Vorgang IM Grunewald nur ein Posten aus der Portokasse. Mindestens sieben Millionen Ostmark hat der wohl abstruseste Kraftakt gegen den verhassten Zeitungszar verschlungen, den das Fernsehen der DDR in den Jahren 1967 bis 1970 unternahm: einen monumentalen Fünfteiler zu schaffen, unvorstellbare 602 Sendeminuten lang, einen Propagandaschinken, mit gewaltigem Aufwand in Szene gesetzt, ausgestrahlt zur besten Sendezeit, punkt 20 Uhr: »Ich, Axel Cäsar Springer«. Markus Wolf persönlich hat sich des Drehbuchs angenommen. *Wir haben die Sache in der Hand*, heißt es 1968 in einem Stasi-Vermerk. Das Kollektiv um Hauptdarsteller Horst Drinda wird nach Abschluss der Dreharbeiten mit dem Nationalpreis, wenn auch nur mit einem dritter Klasse, dekoriert.

In dem schweißtreibenden Epos, dessen Untertitel *Tatsachen und Deutungen* bereits Schlimmes befürchten lässt, gibt es kaum ein Klischee, das unberührt bleibt. Der Zelluloid-Cäsar ist käuflich. Er hurt und säuft. Kurzzeitig landet er gar in der Klapse. Und schwul ist der Weiberheld gelegentlich auch noch, ein Umstand, der freilich unter dem Deckel bleibt, weil er mal eben einen Staatsanwalt besticht.

Ein gehöriges Quäntchen Faschismus darf da natürlich nicht fehlen. Der Mime Drinda gibt mächtig Gas und lässt eine stammelnde Rede zu Führers Geburtstag vom Stapel. Als opportunistischer Feigling ist sich der Fernsehspringer treu geblieben. Auch nach dem Krieg entkommt er den Fängen der alten Nazis nicht, dem Zementfabrikanten Lucian Alsen oder dem Bankier Hermann Josef Abs zum Beispiel, der ihm, beim Treffen in einem D-Zug-Coupé mit verhängten Fenstern, ein Bündel Bares zusteckt.

Horst Drinda in »Ich, Axel Cäsar Springer«, DFF 1968–1970

Beim Anblick der Agitations-Monografie des Deutschen Fernsehfunks, die vorgab, *Zeitgeschichte künstlerisch zu verdichten*, verschlug es selbst eingefleischten Kritikern des Großverlegers den Atem. *Nach dem Goebbels-würdigen Einfall, Springer als Haupt einer homosexuellen Verschwörung darzustellen*, spottete nach der Auftakt-Episode sogar Otto Köhler, der sich in vielen nicht eben wohlwollenden SPIEGEL-Kolumnen an Rudolf Augsteins Lieblingsgegner abgearbeitet hatte, *fehlt jetzt – für die kommenden Folgen – nur noch die Erkenntnis, daß Springer Jude, Jesuit und Neger zugleich sei.* Was der Kommentator noch nicht ahnen konnte: Das Schurkenstück, mit dem verglichen sich Ben Hur wie ein Kurzfilm ausnimmt, hat immerhin ein glückliches Ende gefunden.

In der zehnten Sendestunde – da waren die Wehner- und Brandt-Imitatoren längst abgetreten und der deutsch-nationale Titelheld, eine ziemliche Knallcharge, hatte vergebens versucht, den rechten Ton beim Absingen der ersten Strophe des Deutschlandlieds zu treffen – sehen wir Springer vor dem Bordfernseher seines Privatflugzeugs sitzen. Wir schreiben das Jahr 1968. Die Nachrichten zeigen beunruhigende Bilder. Berlin, München, Frankfurt, Essen: Die bundesdeutschen Massen haben sich gegen sein Meinungsmonopol erhoben. Die schönen Tage der Macht und des Luxus, vor allem aber die Tage von BILD und BZ scheinen gezählt. Süße Verheißung! Wir erleben eine Sternstunde des Fernsehens. Der DFF in Berlin-Adlershof als Bastion des unabhängigen Journalismus. Kampf der Propaganda – solange sie von Springer kommt! Nur, wen eigentlich sollte der sündhaft teure, dafür aber weite Strecken ziemlich ermüdende Fernsehfilm erreichen, agitieren gar? Die Bürger der DDR, die Springers Blätter nicht kannten? Oder den Klassenfeind im deutschen Westen, der, so er nicht in Berlin oder im direkten Grenzgebiet lebte, die Programme aus der Hauptstadt der DDR nicht einmal empfangen konnte?

Die beiden Drehbuchschreiber wenigstens bürgten für die Verbreitung reiner Lehre. Harri Czepuck war von 1958 bis 1961 Bonn-Korrespondent des »Neuen Deutschland«. Sein Co-Autor, der Schriftsteller Karl Georg Egel, hat nach dem Krieg kurze Zeit in Hamburg und München gelebt, floh aber 1948 über Nacht in den Osten, um sich einer Verhaftung wegen Spionage für den russischen Militärnachrichtendienst zu entziehen. Seine Sicht auf Springer hat er, am Tag, als die Fernsehserie anlief, im »ND« freimütig bekannt. *Die Anfänge des Wachsens der journalistischen Mißgeburten vom Schlage Springers habe ich als junger Antifaschist und Publizist in Westdeutschland erlebt. Der Haß gegen diejenigen, die unser Land verraten und zerteilt haben, gehört seither zu den Triebkräften meiner künstlerischen Arbeit.*

Der braune Inhalt der Springer-Zeitungen

»Neues Deutschland«, 11. Mai 1968

Hass auf den Landesverräter, Hass auf eine journalistische Missgeburt: schärfer lässt sich das Feindbild Springer kaum fassen, in das, wie allgemein üblich in dieser Kontroverse, die Farbe der Nazis eingesprenkelt war. *Wenn Springer und seine braune Garde heute eine so infernalische Hetze gegen die DDR vom Stapel lassen, dann nicht zuletzt deshalb,* – hatte Albert Norden, der im Politbüro für Fragen der Agitation zuständige Mann, schon 1963 in einer Broschüre geschrieben – *weil sie unmittelbar materiell daran interessiert waren, ganz Berlin und die DDR in ihre Hände zu bekommen.* Erst die Mauer habe Springers schaurigem Treiben ein Ende gesetzt, in Polen und in den polnischen Westgebieten *den Markt für seine Schmierblätter zu erobern.*

Da wird, wie gehabt, ein überlebensgroßer Popanz aufgebaut, der freilich in keiner Relation zur realen Bedeutsamkeit des einmal mehr überschätzten Verlegers steht. Unbestreitbar, die Springerpresse hat das Ansehen der DDR, in der Bundesrepublik, in Europa, in der Welt nicht eben befördert. Anders aber als etwa vom Westfernsehen ist von ihr nie wirklich Gefahr für den real existierenden Sozialismus ausgegangen, so lautstark die Blätter auch böllerten. Alles nur Platzpatronen! Springer hat, auch wenn er selbst das anders sah, die DDR niemals erreicht, geschweige denn beeinflusst oder gar verändert. Einzig von Erich Honecker heißt es, er habe über Jahre ausschließlich die BILD-Zeitung gelesen, weil die so schön bunt war. Viel Einsicht hat er nicht gewonnen.

Aber eine Provokation ist dieser Mann eben doch gewesen, der die Zentrale seines antikommunistischen Imperiums direkt an die Mauer gesetzt hat. Mit ausdrücklicher Billigung des Bauherrn durfte auf dem Grundstück 1961 gar ein Fluchttunnel enden. Noch bevor die Fundamente standen, war Springers Grenzposten ein Ort, der von seiner symbolischen Überhöhung lebte. Der solle und werde der Welt, und den Brüdern und Schwestern jenseits der Mauer erst recht, so hat er bei der Einweihung am 6. Oktober 1966 gesagt, *den Willen zum ganzen Deutschland zu bekunden.*

Wie gerne hätte die Gegenseite, schon zur Selbstvergewisserung, diesem Mann das Handwerk gelegt, zumindest ihm nachhaltig geschadet, mit der operativen Kunst von Spielfilmleuten und einem Netz von Spionen. Selbst die Anti-Springer-Kampagne der APO-Studenten haben Mielkes Spitzel mit beträchtlichem Aufwand zu unterwandern versucht, ebenso die Redaktionen von »Extrablatt« – das Mitte 1967 mangels Absatz eingestellt wurde – und dessen Nachfolger, dem »Extradienst« – eine Art Loseblatt-Sammlung der Berliner Linken, die es auf eine Auflage von 3700 Exemplaren brachte. Wirklich weit sind sie damit letztlich nicht gekommen. Nein, die APO hing nicht am Tropf des SED-Staats, so gern das mancher Propagandist im Westen bis heute verbreitet.

Und, trotz allem: viele, die sich nicht zuletzt über die Demonstration ihrer Gegnerschaft zu Springer definierten, haben den erfolgreichen Antipoden jenseits der Mauer beneidet. Wie glücklich wäre die politische Klasse Ostberlins gewesen, hätte sie, zur Verbreitung der eigenen Ziele, Zugriff auf ein Krawallblatt im Stile von BILD oder BZ gehabt. Es gab sogar einen Versuch. Die »Nationale Front«, die Parteien und Massenorganisationen wie den FDGB oder die FDJ vereinte, hat ihn gestartet und ab 1957 einmal pro Woche die »Neue Bild Zeitung« herausgegeben. Eine vier bis sechs Seiten starke Gazette, ausschließlich für DDR-Besucher aus dem feindlichen Ausland bestimmt, für besondere Liebhaber freilich auch per Post abonnierbar. Eine ungestempelte 10-Pfennig-Briefmarke genügte. Die Arbeit der Redaktion war in einem Strategie-Papier in aller Klarheit umrissen: *A. Propagierung der DDR. B. Enthüllung der Bonner Politik.* Insbesondere das dort grassierende Lotterleben galt es mit sozialistischer Tugend zu geißeln: *Frauen, Alkohol und der Minister – Skandal um Strauß / Bonn wagt nicht zu dementieren.*

Das konnte trotz roter BILD-Balken nicht gut gehen. Die Schlagzeilen waren zu platt, zu betulich waren Hannelore aus Potsdam und ihre Freundinnen auf Seite 1, die leicht beschürzten Mädels, gern auch im Mieder. Die schelmischen Überschriften taten ein Übriges. *Endlich reizend. Bitte nicht nähertreten.* Oder, fast schon orgiastisch, eine brünette Schönheit im Dessous: *Wenn die Hüllen fallen ... blickt jeder Kavalier zur Seite.* Dann ist das Vorspiel zu Ende. Jetzt geht es zur Sache. *Genau hinschauen aber muss man, wenn sich die Politik der Adenauer CDU enthüllt: Weiter Atombomben in der Bundesrepublik anhäufen, weiter mit dem Feuer eines Bruderkrieges spielen, weiter jede Verständigung ablehnen und die Spaltung vertiefen. Weiter die Rekruten schinden und dem Gott NATO opfern.* Genug!

Bei BILD, dem Original, mussten die Miezen erst zum Weltfrauentag 2012 von der Titelseite weichen. Die Grazien aus dem Osten kapitulierten früher. Schon 1970 war der Traum von einem Boulevardblatt im Dienste des Sozialismus zerronnen.

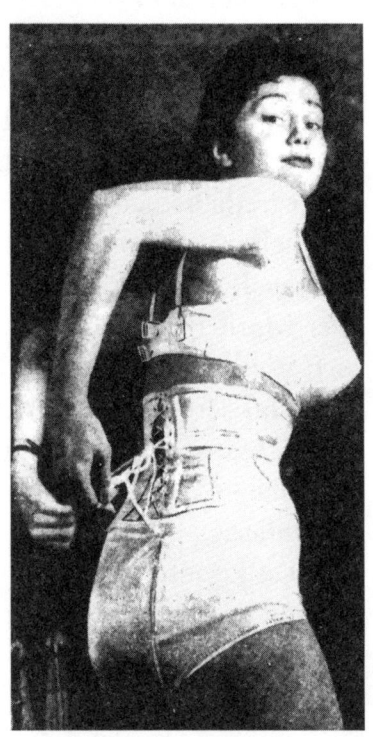

Wenn die letzten Hüllen fallen ...
»Neue Bild Zeitung«,
Ausgabe 9/1957

6. Ach, Katharina

DIE LEKTÜRE WAR bitter, dieser quälende Versuch im Winter 2012, das erinnerte Meisterwerk eines rundum Redlichen noch einmal zu lesen. Noch einmal Vergewisserung schöpfen aus dem Opus des Tadelsfreien mit der Baskenmütze, der das, was gut und böse ist, wie kaum ein Zweiter zu buchstabieren vermochte! Auf einer Bahnfahrt von Frankfurt nach Berlin habe ich mir Heinrich Bölls *Katharina Blum*, 38 Jahre nach der Drucklegung, wieder vorgenommen, dies lindgrün eingebundene Evangelium eines jeden aufgeklärten Bildungsbürgers. Psalmen gegen BILD und Springer. Das Gleichnis von einer zornig Gerechten, die sich der Skrupellosigkeit eines Boulevard-Reporters mit der Schusswaffe erwehrt. *Sollten sich bei der Schilderung gewisser journalistischer Praktiken Ähnlichkeiten mit den Praktiken der »Bild«-Zeitung ergeben haben, so sind diese Ähnlichkeiten weder beabsichtigt noch zufällig, sondern unvermeidlich.* Denen hat er's 1974 richtig gegeben, seine moralische Autorität in die Waagschale geworfen, um eine mediale Menschenhatz an den Pranger zu stellen, die er aus eigener Erfahrung kannte.

Bereits bei Durchfahrt der Station Hanau packt mich die Wehmut. Wie begeistert habe ich damals, in der Zeit der BILD-geschürten Baader-Meinhof-Hysterie, das Buch verschlungen. Ich hätte es nicht wieder anrühren sollen. Mehr noch als die Dauertelefonierer im Großraumwagen nerven nun die rundum eindimensionalen Charaktere, die meine Lektüre bevölkern. Der Kosmos der Erzählung besticht durch erschütternde Simplizität. Es gibt Weiß. Es gibt Schwarz. Grau gibt es nicht. Katharina, schon vom griechischen Ursprung des Namens von Grund auf rein, ist braunhaarig, *einmalig nett, nicht leichtfertig und doch liebesfähig, ernst und doch jung und hübsch*. Die schwer erträgliche Inkarnation des Guten, eine *sehr kluge und kühle Person, über jeden Zweifel erhaben*, eine Heilige beinah, *in sexuellen Dingen äußerst empfindlich, fast prüde*. Den Kölner Karneval verlebt sie auf einem Hausball ihrer Patentante. Bloß ein wenig tanzen. Verkleiden ist nicht, sie hat nur eine rote Nelke im Haar. Ansonsten alles wie immer: hochgeschlossene Bluse und honigfarbener Tweedrock.

Da ist Tötges von anderem Kaliber. Tötges, der Schmock von der Zeitung. Schon sein Name deutet auf einen mörderischen Charakter. Ein *schmieriger Kerl,* der die unschuldige Haushälterin Blum mit geballter Medienmacht als Flittchen eines Schwerverbrechers, als Helfershelferin des Terrors diffamiert. Kurzum, der Mann ist ein *Schwein*. Und Porsche fährt er auch noch. Böll war ohnehin erklärter Feind aller Personenkraftfahrzeuge. *Ich glaube, daß alle Städte von den Autos zerstört werden.* Für die Boliden aus Stuttgart-Zuffenhausen gilt das erst recht, die der Nobelpreisträger auf wenigen Seiten gleich mehrfach als Chiffre für den Verfall der Werte bemüht. *Auch wir hätten es im Laufe der Jahre zu Eigentum und einem Kleinwagen gebracht*, lässt er Katharinas gewalttätigen Ex-Mann, Wilhelm, den Textilarbeiter, im Interview mit der bösen ZEITUNG seiner Verflossenen nachrufen, *einen Porsche hätte ich Dir wohl nie bieten können, nur ein bescheidenes Glück wie es ein redlicher Arbeitsmann zu bieten hat, der der Gewerkschaft mißtraut.* Ach, Katharina.

Gut zwanzig Minuten später, der Stausee bei Schlüchtern rauscht eben vorbei, überkommt mich die Langeweile. Die Charaktere wollen sich einfach nicht entwickeln in diesem Rührstück. Tötges bleibt ein richtig schlimmer Finger, die ZEITUNG verbreitet weiterhin nur Dreck und Lügen, die Blum ist noch immer *prüde, fast zimperlich* – und ihr Ludwig, anders als das die Leute von der ZEITUNG behaupten, keineswegs ein Terrorist. Er hat nur – ist da nicht klammheimliches Verständnis geboten? – einen Tresor bei der Bundeswehr geknackt. Ein letztlich Guter also, auch er. Wer ist schon für den Krieg? Dass sich die beiden, Katharina und Ludwig, auf Tantes Party schon um zehn Uhr verdrückten, hat nichts mit jenen vergnüglichen Trieben zu tun, die Normalsterbliche gelegentlich überkommen. Sie habe, gibt Katharina bei der polizeilichen Vernehmung zu Protokoll, *ausschließlich und innig mit Ludwig Götten getanzt, den ich zum ersten Mal sah. [...] Ich empfand große Zärtlichkeit für ihn und er für mich*. Da scheint Courths-Mahler ganz nah. Heinrich trifft Hedwig. »Bravo« und Kolle waren in diesen wild bewegten Jahren irgendwie weiter.

Göttingen liegt hinter uns, der ICE nimmt Kurs auf Hannover. Die schmerzliche Wiederbegegnung geht ihrem Ende entgegen. Katharina durfte, kurz vor Toresschluss, noch einmal sagen, dass sie bei ihrer ersten Begegnung mit Tötges *sofort* erkannt habe, *welch ein Schwein er war, ein richtiges Schwein*. Und eben darum hat sie ihn zum Interview in ihre Wohnung bestellt. Der Showdown beginnt. Der Ruchlose von der ZEITUNG, der auch noch die alte, kranke Mutter Blum in den Tod getrieben hat, zeigt ein letztes Mal seine Fratze. *Na, Blümchen, was machen wir zwei denn jetzt? [...] Ich schlage vor, dass wir jetzt erst einmal bumsen*. Das soll der Kerl, der glaubt ihm gehöre die Welt, gern haben, denkt sich die in ihrer Ehre Verletzte und zückt den entsicherten Revolver. *Gut, jetzt bumst's*. Ein Kalauer. Ein niedergestreckter Reporter. Ein Lügenblatt, ins Mark getroffen. Das Finale ist blutig.

Beim Durchblättern des Anhangs begegne ich unverhofft meinem Vater. Er hat ein nobles und doch wunderliches Nachwort beigesteuert. Die BILD-Zeitung hat er, was ihn in seiner Konsequenz ehrt, niemals gelesen. Aber dass sein Freund Böll den Jargon und die Arbeitsweise der Zeitung *mit schriftstellerischer Akkuratesse,* ja mit *politischer Humanität* charakterisiert habe in diesem *Traktat von der Gewalt der ZEITUNG und der Gegengewalt einer reinen, frommen und hilflosen Seele* – da war er ganz sicher. Er war Pazifist bis auf die Knochen. Aber bei Springer war Schluss mit der Friedfertigkeit. *Die Tötges' und ihresgleichen, so viel steht fest, hätten auch Franz von Assisi zum Verbrecher gestempelt, zum Rebellen und Roten ... und die Frage bleibt, ob er, um seine Ehre zu retten, anders gehandelt hätte als die Wirtschafterin Blum.* Das hat damals vielen, auch seinem 20-jährigen Sohn, aus der Seele gesprochen. Mit ein wenig Distanz betrachtet ist es ein Urteil, gefällt mit der Einäugigkeit eines Zyklopen.

Wie wahr scheint der Brecht-Satz an die Nachgeborenen, dass auch der *Hass gegen die Niedrigkeit* die Züge verzerrt. Das Augenmaß ruiniert. Und dem Dichter die Kraft raubt. Das symbolträchtige Happy End im Blutbad erreicht kaum das Niveau der ZEITUNG. Für Volker Schlöndorffs Verfilmung gilt dies, trotz Angela Winkler, nicht minder. Das allerdings macht BILD nicht besser. Kein vernünftiger Mensch wird die Brutalität so vieler Kampagnen leugnen, die schnelle Denunzierung, den Aufruf zur Menschenjagd. Böll hat das Treiben des Quasi-Monopolisten hautnah erlebt – zur Zeit der Schüsse auf Ohnesorg und Dutschke, zur Zeit des beginnenden Terrors der Baader-Meinhof-Gruppe, die BILD, »Welt« & Co. von Anbeginn nur »Bande« nannte. Eben hier liegen auch die Wurzeln des Fiaskos von Katharina Blum.

Über Jahre haben Springers Gazetten den friedfertigen Moralisten Böll in verhetzenden Karikaturen und Kommentaren als Sympathisanten des Terrors, als, nicht eben originell, *böllernden Schreibtischhelfer* gebrandmarkt, dessen Sprache – so BILD am 11. Januar 1972 – ein *Gemeinschaftswerk Karl-Eduard von Schnitzlers und Joseph Goebbels sein könnte*. Böll hat bald darauf Morddrohungen erhalten und sich am Ende, bekennen wir es aus dem historischen Abstand, zu seiner Blum-Schnulze hinreißen lassen, die Hans Magnus Enzensberger eine *melodramatische Erzählung* nannte.

Der Zorn des zum ewigen Gutmenschen Gestempelten hatte Gründe. Nur gar so einseitig, wie uns das Buch der Rache glauben macht, waren Schuld und verfolgte Unschuld nun doch nicht verteilt. Am Anfang des Kriegs der bösen Worte stand jedenfalls ein Böll-Essay im SPIEGEL, der über Wochen wahre Saalschlachten entfachte. Im Januar 1972 hatte der streitbare Dichter die in der Tat journalistisch skandalöse Berichterstattung über einen

Wolfgang Hicks: *Ansichten eines Clowns;* »Die Welt«, 1972
»... eine ausgemachte Diffamierung« (Siegfried Lenz)

flugs der »Baader-Meinhof-Bande« in die Schuhe geschobenen Bankraub zum Anlass für einen Rundumschlag genutzt, zum Zwecke der Deeskalation freies Geleit für Ulrike Meinhof gefordert und zugleich ihre Ladung vor ein ordentliches Gericht. Dort aber habe nicht nur sie zu erscheinen. *Ulrike Meinhof will möglicherweise keine Gnade, wahrscheinlich erwartet sie von dieser Gesellschaft kein Recht. Trotzdem sollte man ihr freies Geleit bieten, einen öffentlichen Prozeß, und man sollte auch Herrn Springer öffentlich den Prozeß machen, wegen Volksverhetzung.*

Da forderte also der international renommierteste Schriftsteller seines Landes allen Ernstes, den mächtigsten Zeitungsverleger der Republik auf die Anklagebank zu setzen, als gesuchten Meinungsterroristen, der mit BILD zum Serienattentäter wurde. In Bonn hatten die Sozialliberalen, die Regierung Brandt/Scheel das Sagen. Warum nur schritten Willy und Walter nicht ein gegen diesen Mann? *Haben alle, die einmal verfolgt waren, von denen einige im Parlament sitzen, der eine oder andere in der Regierung, haben sie alle vergessen, was es bedeutet, in einem Rechtsstaat verfolgt und gehetzt zu werden von »Bild«, das eine weit höhere Auflage hat, als der »Stürmer« sie gehabt hat?*

Der rhetorischen Anfrage folgte der dringliche Appell, dass auch die Politik endlich ernst machen solle mit dem Boykott der Zeitungen aus dem Springer-Konzern, den die Schriftsteller, die Vordenker der Gruppe 47, schon vor Jahren beschlossen hatten. *Ich kann nicht verstehen, daß irgendein Politiker diesem Blatt noch ein Interview gibt. Das ist nicht mehr kryptofaschistisch, nicht mehr faschistoid, das ist nackter Faschismus, Verhetzung, Lüge, Dreck.* Einmal mehr die ganz schwere Keule, das Feindbild in Braun, dessen historische Unschärfe Hans Magnus Enzensberger in seinem Essay über den »Triumph der Bild-Zeitung« beklagt hat, der wohl zum Klügsten zählt, was je über das Blatt geschrieben wurde. *Die Zeitung ist nicht faschistisch, weil sie nicht angetreten ist, um die Massen zu mobilisieren, sondern im Gegenteil, ihnen jede Regungen abzugewöhnen. Sie ist deshalb als politisches Kampfblatt im herkömmlichen Sinn untauglich.*

Doch an keinem anderen Thema, vom rheinischen Katholizismus einmal abgesehen, hat Böll sich so vehement, so verbissen abgearbeitet wie an Springer und seinen Blättern. Noch als Schwerkranker, vom nahen Tode gezeichnet, hat er sich den langjährigen BILD-Chef Peter Boenisch vorgeknöpft, den Kanzler Kohl 1983 zum Sprecher der Bundesregierung erkor, Pepe, den Groben, der später bei einem Staatsbesuch im schwarzen Ledermantel durch Tel Avis Altstadt marschieren sollte und dort die *israelische Instrumentalisierung des Holocaust* beklagte. Als Boenisch noch BILD-Chef war, haben seine Leute auch vor Bölls Familie keinen Halt gemacht. Raimund, der älteste Sohn, wurde von BILD schon 1974 in muntere Sippenhaft genommen, anhand überaus zweifelhafter Indizien in die Nähe des RAF-Terrors gerückt, in seiner Berufsehre als Bildhauer verspottet. Der hatte, um die Todesstrafe anzuprangern, eine kleine Bronzeskulptur geschaffen, seine »Hinrichtungsmaschine«. Boenischs Truppe titelte: *Böll Junior läßt in Köln Puppen köpfen – Was der Sohn des Nobelpreisträgers unter Kunst versteht.*

Raimund Böll war im August 1982 mit 35 Jahren an Krebs gestorben. Des Vaters alliterierendes Vermächtnis »Bild, Bonn, Boenisch« galt nicht zuletzt dem toten Sohn. *Ich widme dieses Buch all denen, die je in »Bild« und »Bild am Sonntag« verleumdet oder verhöhnt worden sind, also auch einigen Unionspolitikern.* Mit Teilen der CDU, die lange Zeit ein Sammelbecken der Böll-Gegner war, war er gewillt sich auszusöhnen. Mit BILD aber nicht einmal am Sterbebett. *Ich habe schon einmal Tiere, Hühner beleidigt, als ich vor Jahren die BILD-Zeitung als Hühnerfutter bezeichnete, habe ich nicht bedacht, was ich den unschuldigen Hühnern zumute, auch nicht bedacht: Welche Qualität werden nach solchem Futter unsere Frühstückseier bekommen?*

Die Kontrahenten haben einander bis aufs Blut bekämpft. Immerhin haben sie das Schlachtfeld am Ende fast zeitgleich verlassen. Böll starb im Juli 1985, Springer keine zehn Wochen später. Der Krieg, den sie angezettelt hatten, hat ihren Tod weit überdauert – und blieb eigentümlich folgenlos. So sehr die Springerpresse auch wütete: Bölls Aufstieg zum Klassiker haben die Kolumnisten des Hauses nicht verhindern können – und das Pamphlet über die ZEITUNG, das hat sich rund fünf Millionen Mal verkauft, so hinterfotzig das *Requiem auf Heinrich Böll*, dieser Nachruf zu Lebzeiten, auch war, das die »Welt am Sonntag« nach Erscheinen von *Katharina Blum* anstimmte. Da hat der bekennend reaktionäre Schriftsteller Hans Habe *von Schmerz gebeugt, das schriftstellerische Hinscheiden unseres lieben literarischen Vaters, Großvaters, Onkels, Vormunds und Idols Heinrich Böll* beklagt, *der an den Folgen seiner Erzählung*

»*Die verlorene Ehre der Katharina Blum oder: Wie Gewalt entstehen und wohin sie führen kann*« im Herrn unsanft entschlafen ist.

Böll war nur unwesentlich zimperlicher. Den BILD-Redakteuren, die einen Tag vor Heiligabend 1971 von der *Baader-Meinhof-Bande* schrieben, hat er jedenfalls recht unverhohlen den Tod an den Hals gewünscht. *Ich hoffe, die Gräten im Weihnachtskarpfen waren nicht zu weich und haben sich tatsächlich quergelegt.* Das hat Springer, der sich ohnehin von Feinden umringt und verfolgt sah, sehr persönlich genommen. *Ich habe viele Morddrohungen und Todeswünsche in meinem Leben erhalten, aber dieser hat mich am allermeisten geängstigt und ging mir am nächsten.* Allein, das erbitterte Ehrabschneiden und Zur-Hölle-Schicken war letztlich für die Katz, hier wie dort. BILD ist, trotz Katharina Blum, die größte Tageszeitung Europas geworden, die auflagenstärkste zumindest. Das Flaggschiff eines Medienkonzerns mit rund 13.000 Mitarbeitern.

Und doch, das Stigma »Springerpresse«, das düster die Existenz einer gleichgeschalteten Meinungsmaschinerie suggeriert, will keine Patina ansetzen. Das wirkt und schreckt bis heute. Der Großverleger ruht lange schon unter der Berliner Erde. Sein Name aber steht, nicht nur unter unverbesserlichen Altlinken, noch immer für die Boenischs und Tötges'. Und daran wird sich vermutlich so schnell auch nichts ändern. *Wichtig sei*, hat Uraltgegner Wallraff noch im Januar 2012 über Springer gesagt, *dass man ihn als Person nicht trennen kann von den Produkten, die er zu verantworten hatte.*

Nur: War der Mann wirklich nur skrupellos, gefährlich und vor allem so mächtig? Oder ist Springer nicht eher der Prototyp einer deutschen Hassfigur? Axel Cäsar, der zu Unsterblichkeit verdammte Prügelknabe einer Generation, die ihre Feindbilder braucht, grell überzeichnete gern, weil die den Kraftakt mühseliger Differenzierung ersparen.

Schlichtere Gemüter sähen die Welt lieber nur mit Töpfchen und Kröpfchen bestückt. Das Universum der Einfalt kennt einzig Gut und Böse, Heroen und Schurken. Eine schier unstillbare Sehnsucht nach solch betörender Übersichtlichkeit teilt Katharina Blum mit Werner Tötges und schon gar mit einem Kölschen Kollegen der schreibenden Zunft, der 1977 antrat, Heinrich Bölls Anti-BILD-Seller zu toppen. *Manches kann man sich ausdenken, man kann einen dieser Typen so darstellen, wie Heinrich Böll das in seiner »Katharina Blum« getan hat. Aber wer nimmt einem das ab?*

Also hat sich Günter Wallraff in der Außenredaktion Hannover undercover unter Tötges' leibhaftige Ebenbilder gemischt, die er *die tätigen Opfer des BILD-Systems* nennt. Das Ergebnis ist hinlänglich bekannt: *Der Aufmacher – der Mann, der bei*

BILD Hans Esser war. Das Protokoll einer Unterwanderung, wild und gefährlich. *Mein Puls rast, und im Hals würgt es.* Er hat Angst, *eine Angst, die ich nur einmal hatte, als ich mich im faschistischen Athen ankettete.* Denn jetzt rückt der Rächer aller Geschundenen den Springer-Obristen zu Leibe. *Auch in diesem Buch geht es um Gewalt, um eine »geistige« Spielart, die keiner Molotow-Cocktails und keiner Maschinengewehre bedarf. Die Opfer sind Menschen, ihre Gefühle, ihre Würde. Kein Krisenstab und keine Großfahndung können diese Gewalt aus der Welt schaffen, keine Razzia wird die Geiselnehmer des Unterbewußtseins überraschen ...* So einen tollkühnen Einsatz gegen das Unrecht wagt nur einer.

Unerhörtes geschieht. Schwindmann, der Redaktionsleiter mit den *stechenden Pupillen* und der Thomas-Mann-Ausgabe daheim, ruft schnarrend zum Appell. Teamwork? Nein danke! *Redaktionskonferenz? Diskussion? Gemeinsame Überlegungen, Vorschläge, Abstimmungen gar? Keine Spur. Schwindmann bestimmt, fragt ab, ohne Gegenrede.* Das ist strunz-autoritär, doch bedrohlicher noch scheinen die CDU-Aufkleber, die *an Schreibtischen oder an einer Säule demonstrativ prangen.* Günter alias Hans scheint in der Hölle angelangt.

Es ist ein Kreuz mit diesen Kampfschriften, die vor edler Gesinnung strotzen. *Der Aufmacher* hätte vielleicht ein großes Buch der Aufklärung werden können. Eine unerwünschte Reportage aus dem Zeitungssumpf, nüchtern, böse und präzise, so wie es die frühen Stücke Wallraffs waren. Bei BILD aber hat er nicht viel Brisantes herausbekommen, von wenigen Ausnahmen abgesehen: Wie schamlos sich der Redaktionsleiter von einem Versicherungsfritzen bestechen lässt, verblüfft dann doch. Ansonsten aber ist der News-Wert des quälend selbstgefälligen, alsbald zur Trilogie aufgeblasenen Insiderreports eher bescheiden. Dass, wie Wallraff beklagt, *Gewerkschaften, Betriebsräte, Arbeitskonflikte* in der Redaktion an der Leine keine nennenswerte Rolle spielen, wundert nicht wirklich. Auch der Umstand, dass Journalisten gelegentlich wie die Löcher saufen, ist ein recht offenes Geheimnis, beinah schon Klischee.

Gewiss, seine neuen Kollegen haben ihm bisweilen übel mitgespielt, ausgerechnet ihn, den Linksaußen, zur Verleihung des Konrad-Adenauer-Preises ins Schloss Herrenhausen abkommandiert. Hans Esser beim *Aufmarsch der Mumien*. Da steht er nun am Buffet zwischen *dem Draufschläger Dregger, dem Abendländer Otto von Habsburg und dem Uralt-Nazi Ziesel*. Ein verlorener Elch. Ein armer Tropf. Der Redaktionsleiter, der *ein ganz guter Mensch sein könnte, wenn er seine Seele nicht an Springer verkauft hätte*, hat ihm am Ende auch noch die Schluss-Pointe seines Berichts gestrichen: dass der anwesende Strauß beim Absingen der Nationalhymne nicht mit eingestimmt habe, weil der bayerische Löwe nun einmal unmusikalisch war. Mag sein, das grenzte an Zensur. Manchmal aber waren die leidgeprüften Vorgesetzten auch zu verstehen. Einmal jedenfalls hat Wallraff das Foto einer barbusigen Mieze aus Bali zu betexten versucht. *Kay (16) blickt versonnen in die Zukunft. Auf eine Heiratsanzeige hin ist sie nach Hannover gekommen.* So weit, so gut. Dann freilich hat er die Geschichte weitergesponnen. *Aber nach drei Monaten wurde sie gewahr, daß ihr Bräutigam seit zehn Jahren verheiratet ist und drei Kinder hat.* Das mochte das Blatt dann doch nicht drucken.

Auf Seite 240 wissen wir zumindest: Wenn ein BILD-Redakteur redigiert, dann ist es aus mit der Werktreue. So mancher Wallraffsche Lokalreport – ob nun mit einer Taekwando-Kämpferin oder mit einem von Piranhas gebissenem Museumsdirektor befasst – sah sich nach der obligatorischen Chefabnahme gar ins inhaltliche Gegenteil verkehrt. Der entstandene Schaden aber scheint meist überschaubar. In Hannover hat Ankläger Wallraff ganz offensichtlich, in immerhin vier Monaten, keinen einzigen Fall erlebt, der den Vorwurf der mörderischen Hatz belegte. *Vergleichsweise gering*, schrieb Ulrich Greiner 1977 in der FAZ, sei *der Neuigkeitswert der jüngsten Aktionen.* Der Autor selber hat das schon im Vorwort eingeräumt. Sein Report verzichte darauf, *die großen politischen Fälschungen und Verdrehungen von BILD zu dokumentieren.* Das bleibe einem weiteren Buch vorbehalten. Wie schnell doch ein Aufmacher zum Abtörner wird.

Die BILD-Beschreibung wurde dennoch fortgesetzt. Zwei Jahre später, weniger auf Show getrimmt, weit hartnäckiger in der Recherche. *Zeugen der Anklage* ist ebenso boshaft wie genau. Menschen kommen zu Wort, die zum Opfer des Springer-Boulevards wurden. Auch Wallraff berichtet, wie es ihm ergangen ist seit Folge eins. *Man hat mich bespitzeln lassen, Wanzen gelegt, Telefongespräche abgehört, man hat mir agents provocateurs geschickt, hat Informanten unter Druck gesetzt; durch eine Hausdurchsuchung hätten sie beinah meine Arbeitsunterlagen beschlagnahmen lassen.* Der Leser merkt schnell: Hier haben Juristen die Feder mitgeführt. Syntaktisch bleibt unklar, wer der Handelnde ist, wer genau da spitzelt und wanzt. Dennoch ist jeder gleich im Bilde.

Auch Springer-Vorstandschef Mathias Döpfner hat den Subtext offensichtlich verstanden – und, knapp ein Vierteljahrhundert später, immerhin Bereitschaft zur Aufklärung gelobt. *Wenn damals Dinge in unserem Haus gelaufen sind, die sich mit unseren Vorstellungen, mit unseren Werten nicht vertragen – und so sieht das aus –, dann wollen wir das wissen.* Der Erfahrungshunger des Hünen aus Bonn ist hoffentlich gewaltig. An Dingen jedenfalls, die in seinem Haus schief, krumm oder auf Grund gelaufen sind, herrscht – er wird es selbst am besten wissen – kein Mangel.

Eben darum wäre ein öffentliches Springer-Tribunal, das Döpfner anbot und die altgedienten Widersacher des Unternehmens ablehnten, so erhellend, bis heute: Ein international verzweigter Mediengigant unterzieht sich öffentlicher Selbstkontrolle und lässt sich, auch von seinen Gegnern, an den eigenen Ansprüchen messen. Die hehren Leitlinien sind bekanntlich hoch gesteckt und in einer *Unternehmensverfassung* verankert. Es sind die Grundsätze Axel Cäsar Springers. Die *Solidarität mit den Vereinigten Staaten von Amerika* und die *Aussöhnung zwischen Juden und Deutschen* (als ob das ein tauglicher Gegensatz wäre!) einmal bei Seite gelassen, werden die Mitarbeiter auf die *Ablehnung jeglicher Art von Totalitarismus*, also auf das *unbedingte Eintreten für den freiheitlichen Rechtsstaat* verpflichtet.

Nähme auch nur einer gerade diesen letzten der so gern beschworenen Grundsätze ernst – den mit der gebotenen Rechtsstaatlichkeit –, würde am Ende gar jeder gleich fliegen, der gegen den Firmenkatechismus verstößt, was wären wohl die Konsequenzen: die Redaktionsstuben leer gefegt? Die Chefetage im Hochhaus mit den Paternostern von Praktikanten übernommen? Wer frei von Sünde ist ... – aber das mit den Steinwürfen hat finstere Tradition bei Springer. Ersparen wir uns also eine neuerliche Auflistung all der Verstöße gegen die selbstverordneten Statuten. Das hat ohnehin schon, ziemlich umfassend und ziemlich gemein (und bis in die Gegenwart reichend), Gerhard Henschel mit seiner »Springer-Bibel« und seinem »Gossenreport« erledigt. Zwei Skandale aber scheinen besonders geeignet, um zu illustrieren, dass das Feindbild Springer nicht einzig auf übler Nachrede beruht.

Der eine Fall, auch von Wallraff dokumentiert, reicht in den August des Jahres 1977 zurück. Der Deutsche Herbst bricht an. BILD meldet auf Seite 1 einen *ersten großen Erfolg bei den Ponto-Mördern: in ihrer Frankfurter Studentenbude wurde am Montagabend die 23jährige Eleonore Poensgen festgenommen.* Tagelang wird die Zeitung über die *Terroristin* berichten. Mit Foto. Mit Lebenslauf. Mit verfälschten Aussagen ihres Vaters. Über zehn Freunde geben bei der Kripo zu Protokoll, dass die Beschuldigte zum Zeitpunkt des Mordes an dem Bankier auf einer Party gewesen sei. Auch ein Straßenbahnführer hat sie entlastet. BILD aber bleibt bei seiner Geschichte und schreibt die Bekannten, die ihr – angeblich aus Gefälligkeit – das Alibi verschafften, in kleinen Steckbriefen zur Privatfahndung aus. Sogar die Wohnorte der finster dreinblickenden Jungakademiker werden genannt. Alles nur windige Zeugen! Das altbewährte Motto von BILD: Man kann ja nicht jede Drecksarbeit der Polizei überlassen.

Nach sechs Tagen kommt Eleonore Poensgen aus der Haft frei. Doch das Kesseltreiben der Zeitung geht weiter. Die junge Frau bricht zusammen. Aber sie wehrt sich, klagt vor Gericht und bekommt zwei Jahre später recht. Der Springerkonzern wird zur Zahlung eines Schmerzensgelds in Höhe von 25.000 D-Mark verurteilt, *als Ausgleich für die spürbare zusätzliche Beeinträchtigung ihres Ansehens, welche die Klägerin durch die völlig unnötige Verzerrung des Sachverhalts durch die BILD-Zeitung erlitten hat.* Ihr Name assoziiert sich dank der Zeitung bis heute mit einem terroristischen Mord, mit dem sie nicht das Geringste zu tun hatte. Ihr Name steht aber auch dafür, dass es nicht chancenlos sein muss, sich gegen den keineswegs allmächtigen Medienriesen zu wehren.

Dem Verleger die Stirn gezeigt hat wenige Monate vor Eleonore Poensgen auch ein Playboy, Fotograf und Kunstsammler, der nicht nur in der Stunde seines einsamen Freitods ein couragierter Mann war. Mit Springer verband Gunter Sachs die Liebe zu Gstaad und zu Kampen auf Sylt. Im April 1977 hat eine Lawine in den französischen Alpen Sachs' älteren Bruder Ernst Wilhelm, ein Freund des süßen Lebens auch er, beim Skifahren begraben. Die Reporter von BILD haben am Tag darauf einen Kranz der besonderen Art gewunden: *Playboy Sachs – verspielt bis in den Tod.* Das war eine Schlagzeile zu viel. Also hat Gunter Sachs, in einer ganzseitigen

Anzeige in der »Süddeutschen Zeitung« dem Verleger zornig Tschüss gesagt. Das war ein offener Brief im wahrsten Sinne des Worts.

> Sehr geehrter Herr Springer,
>
> daß Sie nicht für jede Zeile Ihrer Blätter verantwortlich zu machen sind, weiß ich. Andererseits ist bekannt, daß Sie zumindest die Richtlinien Ihrer Zeitungen und Zeitschriften bestimmen. Über den Tod meines Bruders berichtete Ihre *Bild*:
> - "Der Tote im Schnee ist an seinem Reichtum erstickt."
> - "Sein Leben und Sterben war wirklich nur eine Frage des Kontos."
> - "Er war kleiner als Gunter, hatte nicht dessen große Nase, dessen behaarte Brust und was sonst noch an ihm groß sein soll."
>
> Herr Springer, wir sind uns selten begegnet; ich möchte Sie nie mehr wiedersehen.
>
>   Gunter Sachs

Der impressionable Bannfluch, von Hellmuth Karasek in seine Anthologie *Briefe bewegen die Welt* aufgenommen, währte immerhin sieben Jahre.

Dann sind sie sich auf Patmos über den Weg gelaufen. Der Verleger hat sich entschuldigt für sein Blatt. Ein Jahr vor seinem Tod ist er schon weit weg vom journalistischen Tagesgeschäft. Sachs nimmt an. Sie trinken ein Glas Champagner und gehen auseinander. Am Abend sagt Springer zu seinem Begleiter, dem Journalisten Claus Jacobi, der später zu seinem Biografen werden sollte: *Ich sterbe noch als Pressefeind.* Viel Vertrauen in sein Erbe hat er nicht.

Die Nation wollte er vereinen, die Republik aber hat er gespalten wie kaum ein Zweiter. Er verkörperte die unterschiedlichsten Facetten deutscher Identität. Für Teddy Kollek, den langjährigen Bürgermeister von Jerusalem, war Springer der *beste Freund in Deutschland*, für Helmut Kohl gar ein *großer Deutscher.* Für die Dichter und Denker aber, die Springers Journalisten 1968 und im Deutschen Herbst erlebt hatten, war er der Inbegriff des hässlichen Deutschen. Eine deutsche Seuche. Weh dem, der mit ihr in Berührung kommt! Als es Alexander Solschenizyn wagte, in Springers »Kontinent« mitzuarbeiten, dem Periodikum, das die Stimmen russischer Dissidenten versammelte, wurden der Autor des »Archipel Gulag« und sein Kollege Andrej Sinjawskij 1974 in der ZEIT von Günter Grass rüde abgekanzelt. »Nicht grade bei Springer!«

Eigentlich könnte Ihnen bekannt sein, daß Sie als Autoren der Zeitschrift "Kontinent" einem Machtimperium zuarbeiten, das unter dem Namen Springer-Konzern bekannt ist und dessen reaktionäre Intoleranz Ausdruck der gleichen Mentalität ist, die Ihnen, unter anderen ideologischen Vorzeichen, in der Sowjetunion Anlaß zu Protest und Widerstand geboten hat.

Ich kann nicht verstehen, wie Sie als Schriftsteller mit moralischem Anspruch einen für die westliche Demokratie so gefährlichen Machtkomplex durch Ihre Mitarbeit unterstützen können; denn in den Produkten des Springer Konzerns — mögen sie "Bild"-Zeitung oder "Welt am Sonntag" heißen — geschieht tagtäglich genau das, was Ihnen, wenn auch in totalitärem Ausmaß, in der Sowjetunion widerfuhr: durch doktrinäre Meinung verfälschte Information, Verteufelung des politischen Gegners, Appelle an die latente Gewaltbereitschaft der sogenannten schweigenden Mehrheit, die Einstufung von Angeklagten als schon Verurteilte — all das, was Ihren Schriftstellerkollegen seit Jahren Anlaß gibt, um den

> Bestand der Demokratie in der Bundesrepublik zu bangen. [...]
> Bei aller Hochachtung vor Ihrem Mut, den Sie in der Sowjetunion der alleinherrschenden Staatsmacht gegenüber bewiesen haben, Ihre Zusammenarbeit mit dem Springer-Konzern kann ich nicht gutheißen. Ich bitte Sie, Ihr Vorhaben noch einmal zu überprüfen. Schon sind Sie dabei, sich in schlechte Gesellschaft zu begeben.
>
> Mit freundlichem Gruß
> Ihr Günter Grass
>
> DIE ZEIT, 11. Oktober 1974

Diese anmaßende Kollegenschelte, die öffentliche Belehrung von zwei im Arbeitslager geschundenen Schriftstellern, die demagogische Gleichsetzung von Gulag und BILD, ist – mit Verlaub – schwer erträglich. Springer war gelegentlich ein ziemlich kalter Krieger. Manche seiner Leute haben, gerade in den Jahren nach 1967, die Stimmung in der Republik gehörig zu vergiften versucht. Eingesperrt, verbannt, vernichtet aber hat der Zeitungszar seine Gegner nicht. Und auch zwischen »Prawda« und »Welt« gab es kleine Unterschiede.

Springer taugt weder zum vaterländischen Helden noch zum Vordenker eines republikanischen

Gemeinwesens, nur: den *Bestand der Demokratie in der Bundesrepublik*, wie der Großdichter behauptet, den hat er dann doch nicht gefährdet. Er war Unternehmer, Ideologe und ein verflucht schlechter Redner. Ein Freund oder gar Begründer totalitärer Herrschaft aber war er nicht.

Warum eigentlich heißt, wenn es das Personal der Zeitgeschichte zu begutachten gilt, die Alternative so oft: Hassfigur oder Ikone? Warum fällt ein bescheidenes Ecce homo so schwer? Seht her: ein Mensch mit Licht und Schatten. Eben hier gewinnt das zum Kulturgut gewordene Feindbild Springer exemplarischen Charakter. Es zeigt eine, wie ich denke, recht deutsche Schwierigkeit: ambivalente Charaktere auch als solche zu ertragen. Entweder Täter oder Opfer. Gut oder böse. Groß oder klein. Stark oder schwächlich. Ernst Jünger ist entweder Faschist oder Genie. Warum nicht einfach ein widersprüchlicher Schriftsteller, gesegnet mit einer Sprachkraft, die selbst die NS-Ideologie verklären konnte?

Erwin Rommel, der an verbrecherischen Feldzügen in Polen, Afrika und Frankreich teilnahm, gilt entweder als strammer Nazi oder als der edle Wüstenfuchs aus Schwaben, der späte Widerständler, der mit seinem Freitod zu Herrlingen ein heroisches Zeichen setzte. Gedenkmünzentauglich. Der Namenspatron von Bundeswehrkasernen. Ein Mythos, den es – das haben jüngst die leidenschaftlichen Auseinandersetzungen um einen Fernsehfilm gezeigt – zu bewahren gilt vor jeglichen Kratzern. Obwohl eben diese zumeist das Aufregende sind.

Thomas Nipperdeys monumentale Studie über die Geschichte des deutschen Kaiserreichs schließt mit einem klugen Satz, der weit über das wilhelminische Zeitalter hinausweist: *Die Menschen unterscheiden sich nicht in gute und böse, das Kaiserreich war nicht gut und nicht böse oder nach Gutem und Bösem deutlich unterscheidbar: Die Grundfarben der Geschichte sind nicht Schwarz und Weiß, ihr Grundmuster nicht der Kontrast eines Schachbretts: die Grundfarbe der Geschichte ist grau, in unendlichen Schattierungen.* Solch Differenzierung, die notwendig ist, war nach Faschismus und Holocaust kaum möglich. Hitler bleibt nun einmal rabenschwarz auf alle Ewigkeit.

Eine konfliktfähige, demokratische Gesellschaft aber verlangt nach feineren Rastern. Das ewige Spiel: Daumen hoch oder Daumen runter, »In« oder »Out«, Orden oder Rübe runter, ist kein Qualitätsausweis von Streitkultur. Mit dem Scharfrichter lässt sich schlecht debattieren. Aber eine Gesellschaft, die Makellosigkeit zum Wert aller Werte erhebt, die nach einer Elite ohne Abgrund und Sünde verlangt, ist ebenso langweilig wie bigott. Und ungemein aggressiv. Das erfährt dieser Tage ein bedeutender Pädagoge, dessen Geschichte Einiges von der deutschen Schwarz-Weiß-Malerei erzählt, von jener fatalen Technik, die auch das Bild Springers bis heute verzerrt.

Hartmut von Hentig, so der Name des großen Lehrers, 1925 geboren, ist vielleicht einer der letzten Universalgelehrten in unserem Land, ein glänzender Schreiber, ein Wissenschaftler, der seit den Sechzigerjahren Entscheidendes für die Demokratisierung des bundesdeutschen Schulwesens geleistet hat. An den Büchern des Gründers der Laborschule Bielefeld kommt kein Student der Pädagogik vorbei. Seine Bücher wie *Was ist eine humane Schule?* gehören zum Kanon. Genauer: sie haben einmal dazu gehört. Denn es gibt in dieser Vita einen großen dunklen Flecken.

Von Hentig hat über Jahrzehnte mit einem elf Jahre jüngeren Mann gelebt, der selbst einmal als Star der Reformpädagogik galt: Gerold Becker sein Name, der einstige Leiter der Odenwaldschule, die einmal als das fortschrittlichste Vorzeigeinternat der Republik galt, als das liberale Gegenstück zum strengen Salem. Ich habe dort die letzten beiden Jahre vor meinem Abitur verbracht. Für mich war es eine glückliche Zeit. Für viele meiner Mitschüler war es das nicht. Denn Becker, der ein charismatischer Lehrer war, hat sich 15 Jahre lang systematisch an seinen Schülern vergangen. Er hat die ihm anvertrauten Knaben missbraucht. Er hat sie vergewaltigt. Und dafür gesorgt, dass die Verbrechen, die er beging, unter dem Deckel blieben.

Erst im März 2010 wurde der Skandal in seinem ganzen Ausmaß bekannt. BILD titelt mit: *Berühmter Schulprofessor liebt Skandaldirektor.* Zu diesem Zeitpunkt war Becker, seit 25 Jahren nicht mehr an der Odenwaldschule tätig, schon dem Tode geweiht. Von Hentig, damals 84, hat den Freund gepflegt – und sich, gelinde gesagt, töricht verhalten, als er aufgefordert wurde, öffentlich Stellung zu beziehen. Was hat er gewusst? Und, vor allem, wie sieht der Pädagoge, der sich stets als Anwalt der Kinder begriff, die unfassbaren Taten seines Gefährten? Der alte Mann weicht aus. Er habe von all dem nichts gewusst. Er versucht Becker zu verteidigen. Er redet sich um Kopf und Kragen. Er könne sich allenfalls vorstellen, dass Becker von einem Schüler verführt worden sei. Er spricht von *freundlichen Berührungen*. Das ist schaurig. Und, gerade für die Opfer Beckers, unerträglich.

All das greifen die Medien auf. Zu Recht. Dass der alte Mann keine Nacht mehr vernünftig schlafen kann, weil der schwerstkranke Freund ohne Hilfe nicht einmal mehr aufs Klo kommt, erwähnt niemand. Hätte er sich in dieser Situation von seinem Gefährten seit mehr als 40 Jahren lossagen sollen? Von Hentig sagt: *Mein Freund bleibt mein Freund* – und gilt fortan als Täterschützer. Als Gerold Becker im Juli 2010 stirbt, gibt man ihm nicht einmal ein Trauerjahr. Er soll sich offenbaren! Von Hentig zieht sich zurück und schweigt. Alte Kollegen brechen mit ihm in offenen Briefen. Der angesehene Comenius-Preis, der ihm 1994 »für schulreformerische Bemühungen« verliehen worden war, wird ihm aberkannt. Er soll das Preisgeld nach 17 Jahren zurückzahlen, was er prompt tut. Er darf im Oktober 2011 nicht einmal mehr eine kurze Rede auf Golo Mann halten. Ein Trupp von Odenwaldschülern hat angekündigt, die Veranstaltung in Frankfurt zu sprengen. Dieses Schauspiel will er sich nicht mehr zumuten und sagt seine Teilnahme wenige Stunden zuvor ab.

Die öffentliche Hinrichtung Hartmut von Hentigs ist, denke ich, durchaus symptomatisch für eine Unkultur des wohlfeilen, politisch ach-so-korrekten Verdammens, die in ihrem Rigorismus kein Licht und Schatten abwägendes Urteil mehr kennt. Der alte Herr mit den vielen Fliegen hat sich keines Verbrechens schuldig gemacht. Er hat sich – nach allem, was wir wissen – niemals an einem Kind vergangen. Sein Freund war ein Schuft. Er hat ihn geliebt ... und ganz offensichtlich bisweilen weggeschaut, wo er niemals hätte wegschauen dürfen. Aber beschädigt das auch nur eine Zeile seines Werks, auch nur eine Schule, die nach seinen Idealen entstaubt wurde? Noch einmal: Warum ist Ambivalenz so schwer zu ertragen?

Warum musste die evangelische Kirche Deutschlands ihr Gesicht verlieren, ihre wegweisende Ratsvorsitzende, die den mutigen Satz sprach, dass nichts gut sei in Afghanistan? Warum hat Margot Käßmann dem öffentlichen, auch und gerade von der BILD-Zeitung entfachten Druck nachgegeben? Sie ist im Februar 2010, die Fastenzeit hatte gerade begonnen, angetrunken Auto gefahren. Das war kein kleines Delikt. Sie hat es bereut, sie hat sich – anders als etwa Christian Wulff – ohne Winkelzüge, ohne windige Kleinrednerei öffentlich für den begangenen *schweren Fehler* entschuldigt. Die Begründung ihres Rücktritts aber sagt mehr über die Befindlichkeit unserer Gesellschaft als über die Gottesfrau aus Hannover: *Die Freiheit, ethische und politische Herausforderungen zu benennen, hätte ich in Zukunft nicht mehr so, wie ich sie hatte.* Wieso eigentlich nicht? Darf eine moralische Instanz auf Erden keine Brüche, keine Widersprüche haben? Gibt es nicht auch ein Menschenrecht auf Fehlbarkeit?

Auf eine sehr spezielle Art bestimmt die deutsche Unerbittlichkeit, das Klammern an die reine Lehre, auch unsere Sicht auf Axel Springer. Für die einen ist er der Satan leibhaftig, für die anderen ein gerecht zürnender Halbgott auf Erden. Der streitbare Bürger Cäsar darf er bis heute nicht sein. Noch immer soll er für jede Ausdünstung seiner Redakteure geradestehen. Aber wer war er denn nun? Ein Deutsch-Nationaler, der sich – denken wir etwa an Paul Carell oder den »Stürmer«-Karikaturisten Wolfgang Hicks – mit alten Nazis umgab? Oder war er der Gönner, Versteher und Verteidiger Israels, der sein Massenblatt BILD anwies, weit konsequenter als dies andere, vermeintlich seriösere Blätter taten, über den Eichmann-Prozess in Jerusalem zu berichten?

Wer war er: ein eiskalter Geschäftsmann, der die missliebige Konkurrenz vom Zeitungsmarkt fegte, schon gar, wenn man dort das verhasste Fernsehprogramm der DDR abdruckte? Oder war er ein großmütiger Helfer, der dem auf Betreiben des Springer-Freundes Strauß inhaftierten Rudolf Augstein in den Monaten der SPIEGEL-Affäre seine Druckmaschinen zur Verfügung stellte? Wer war er: ein Menschenjäger oder der Freund der Gejagten, der sich, wie sein Todfeind Böll, um die Freilassung von Andrej Sacharow oder Alexander Solschenizyn verdient gemacht hat? Er war ein Mann mit offenen Armen – und gierigen Händen, die das Großdeutsche Reich heimholen wollten. Niemals, hat er in einer seiner Hetzreden gegen die Ostverträge gesagt, dürfe man verzichten, *nicht auf Schlesien, nicht auf Pommern, nicht auf Ostpreußen.* Was war er nun, ein Visionär der Einheit oder ein Ewiggestriger: Von der Maas bis an die Memel, von der Etsch bis an den Belt ...

Und was war mit BILD? Hat er dem Blatt nun die reißerischen Schlagzeilen diktiert – oder, erinnern wir uns an das Gespräch mit Ben Witter im Regen, unter ihnen gelitten »wie ein Hund«? Brüche, gemischte Charaktere sind kompliziert. Springer betete am Hausaltar – und hat das sechste Gebot des Herrn, das mit der ehelichen Treue, doch immer wieder gern gebrochen. Ein frommer Christ, der seine unternehmerischen Entscheidungen nicht zuletzt vom Stand der Sterne abhängig machte. Um den ersten Mann im Verlegerbüro zu erklären, hat sein Nachfolger Döpfner einmal das Credo von Hesses »Steppenwolf« bemüht: *aber nicht nur zwei, Tausende Seelen wohnen in meiner Brust.*

Den ganzen Zwiespalt Axel Springers, das Tohuwabohu im Kopf eines seltsamen Mannes, dessen Sicht auf die Welt sich weder mit Verstand noch mit moralischen Maßstäben wie Gut und Böse fassen lässt, bringt eine die Grenzen der Absurdität überschreitende Schlagzeile vom Juni 1967 auf den Begriff. Die israelischen Truppen hatten den Sechs-Tage-Krieg gewonnen. Und BILD titelte: *SIEG. Dajan – der Rommel Israels!*

7. Epilog im Himmel

NACH EINEM FINGERZEIG seines Herrn hat er im Reich Gottes schon einmal probegewohnt. *Wir sind hier bei unserem Namen gerufen worden. Wir gehören hierhin. Hier werde ich mir ein Haus bauen,* sprach er zu Ehefrau Friede und kaufte sich 1974 ein Anwesen auf Patmos, um dem Schauplatz ganz nah zu sein, an dem, wie Springer schrieb, *Johannes taufte und heilte.* War ihm bewusst, dass auf der Insel nicht Johannes der Täufer, sondern der Verfasser der Offenbarung lebte und wirkte? Aber muss, wer fromm ist, auch bibelfest sein? Schon seit Jahren waren Springer Engel, die Vorboten eines besseren Lebens, erschienen; im Schweizer Mystiker Walter Nigg hatte Springer seinen persönlichen spirituellen Berater gefunden, der ihn, wenn er einmal mehr an der Welt zu verzweifeln drohte, mit gewählten Worten wieder in die Spur zu hob: *Ich bin sicher,* hat Nigg an den Verleger, der bei Propyläen auch der seine war, geschrieben, *daß Sie plötzlich die Erleuchtung bekommen werden, die Dinge in der gottgewollten Proportion zu sehen.* Und dennoch hat sich Springer gelegentlich, wenn wir Hans-Peter Schwarz, seinem wohl genauesten Biografen folgen, den Tod herbeigesehnt, *in der Hoffnung, als Messias wiederzukehren.*

Der Worte Markus' zum Trotz, dass eher ein Kamel durchs Nadelöhr schlüpfe, als dass ein Reicher ins Himmelreich komme: für ihn, da hatte er selbst keinen Zweifel, war dort ein Platz reserviert. Es wird ihm an nichts fehlen. Bäche, Wälder und Wiesen. Geigenklänge. Spaziergänge durch endloses, vogelbezwitschertes Grün. Es regnet Zucker und Feigen. Idylle in Vollkommenheit.

Was eigentlich wäre, wenn er dort eines Tages seinem einst schärfsten Kontrahenten, dem Studentenführer aus Schönefeld bei Luckenwalde, über den Weg liefe? Auch der war einmal ein Missionar, dessen Lebenstraum es war, ein monopolähnliches Medienunternehmen *durch direkte Aktionen* plattzumachen und bald darauf zu enteignen. Als Sterbliche haben die beiden, Rudi Dutschke und Axel Springer, nicht miteinander gesprochen. Warum auch? Sie haben sich gegenseitig als Rechts- oder Linksfaschisten tituliert. Und dafür gelegentlich auch noch Beifall bekommen. Feindbild genügt!

Wie haben Cäsar und seine Leute den charismatischen Aufpeitscher als Handlanger des Ostens, als Ulbrichts treuesten Gefährten bloßzustellen versucht! Und doch hat Springer, ganz vorsichtig, eine schmale Brücke über die ideologischen Gräben geschlagen. *Ich verstehe Dutschke gut*, gesteht er Ben Witter. Aber er habe ein wenig *Angst vor Leuten, die auf der Suche nach einem Idealstaat sind. Dutschke will den permanenten Höhepunkt.* Den freilich wollte auch er, der patriotische Provokateur, für den Städte wie Königsberg, Breslau oder Danzig auf jede Deutschlandkarte gehörten. *Die Oder-Neiße-Linie als endgültig anzuerkennen,* hat er 1970 in einer Dankesrede vor dem Bund der Vertriebenen gesagt, *muteten uns nicht einmal die Siegermächte in der Stunde der Kapitulation zu.*

Die beiden Flaneure im Himmel hätten sich vermutlich zunächst einmal argwöhnisch angeschaut und wären dann doch – so eine geläuterte Seele denn noch der Augen, des Mundes und der Ohren bedarf – ins Plaudern gekommen. Themen für einen Small-Talk gibt es genug. In den Niederungen Kreuzbergs sind ihre Namen ohnehin durch ein gutnachbarschaftliches Verhältnis verbunden: das Springer-Hochhaus an der Dutschke-Straße! Und weil der Himmel zwar keine Genossen kennt, dafür aber lauter Brüder und Schwestern, nennen sie einander bald Rudi und Axel.

Beide haben sich selbst als Anwälte einer besseren, freien und gerechten Gesellschaft begriffen, den jeweils anderen aber als just deren Totengräber gebrandmarkt. Die Welten, in denen sie lebten, hätten kaum unterschiedlicher sein können: der eine schlürfte Champagner, der andere brühte sich grünen Tee. Und Rudis Ringelpullover gingen Axel, dem Snob alter Schule, schon immer gegen den Strich. Dem Träumer von einer klassenlosen Gesellschaft hat wiederum des Verlegers Marotte gründlich missfallen, Telefongespräche mit einer Floskel einzuleiten, die keineswegs nur von Selbstironie zeugte: *Hier spricht der König persönlich!* Immerhin, die Worthülsen, mit denen sie einst einander traktierten, »Mörder Springer!« oder »Stoppt den Terror der Jung-Roten, jetzt!«, sind tabu in Gottes friedlichen Gefilden.

Axel wird es dennoch nicht bleiben lassen, sich über die Schandtaten der untergegangenen DDR zu ereifern. Das ist nun einmal sein Thema bis in die Ewigkeit. Weiß Rudi überhaupt, wie übel, wie menschenverachtend die DDR einst etwa dem Wehrdienstverweigerer Nico Hübner mitgespielt hat? Der saß – er, Springer hat den schlimmen Fall Ende der Siebzigerjahre weltöffentlich gemacht – *hinter Schloss und Riegel, vor dem Blechnapf der Diktatur, weil er die Demilitarisierung ernst nahm. Sein Denken und Handeln bewiesen den Kleinmütigen und Trägen: Freiheitswille und Rechtsbewusstsein wachsen wieder heran.*

Rudi lächelt, mit ein wenig Nachsicht sogar. Der schreiende, wild grimassierende und in dieser hasserfüllten Pose von Springers Zeitungen gern abgebildete Dutschke konnte immer schon sanftmütig sein. Er hat doch, 1958 in der DDR, den damals allerdings noch mehr oder minder freiwilligen Dienst bei der NVA abgelehnt und seine Entscheidung den in der Aula versammelten Kameraden der Lenin-Oberschule Luckenwalde erklärt. Es war die erste flammende Rede seines Lebens. *Ich bin nicht bereit, in einer Armee zu dienen, die die Pflicht haben könnte, auf eine andere deutsche Armee zu schießen.* Und Hübner? Den kennt er. Dem hat er 1978 einen Brief in den Knast nach Bützow geschrieben, einen tröstenden Appell von Kämpfer zu Kämpfer. *Ich kann Dir nur wünschen, daß Du trotz alldem die Qual dieser Zeit durchstehst und Dir geistig nicht den Rücken brechen läßt.* Aus den Versäumnissen in den eigenen Reihen machte Dutschke keinen Hehl: *Wie lange hat es gedauert, bis ein nicht unwesentlicher Teil der Linken sich nicht mehr schämte, von den Menschenrechten zu sprechen? Es wäre wohl sinnvoller gewesen, sich zu schämen, anstatt jahrzehntelang davon zu schweigen und dennoch im Lied der Ausgebeuteten und Beleidigten zu singen:* »*Die Internationale erkämpft das Menschenrecht.*« Da sind sich Axel und Rudi auf einmal ganz nah.

»Warum haben wir aufeinander geschossen?«, fragten sich, lang ist es her, Heinrich Böll und Lew Kopelew, der deutsche Obergefreite und der sowjetische Propaganda-Major – und haben am Ende keine rechte Antwort gefunden. Ein ähnliches Gefühl der Ratlosigkeit überkommt auch die alten Frontkämpfer im Himmel. Die Ziele, für die sie auf Erden bis zum Äußersten stritten – Dutschke hat sein Rebellentum letztlich mit dem Leben bezahlt -, schienen unvereinbar. Der eine verlangte die Macht der US-Boys rund um den Globus, der andere die sofortige Einführung des Sozialismus – und das mitten in Berlin. Der eine besang den Segen des kapitalistischen Privateigentums, für den anderen war die Vergesellschaftung der Produktionsmittel das höchste irdische Glück.

Und doch, als sie von oben herab zuschauten, wie die Mauer am 9. November 1989 zu bröckeln begann, und wenig später die Menschen durchs Brandenburger Tor strömten, da haben sie wohl beide vor Rührung geschluchzt. Natürlich, auf die Feststellung legen sie wert, verstehen Axel und Rudi unter Einheit ganz unterschiedliche Dinge. Da brandet alter Streit auf. Dutschke hat von einem sozialistischen Deutschland geträumt. Springer, von dem es heißt, er habe nicht selten gepoltert, wird laut bei diesem Thema. Wenn ihn eines in Furcht und Schrecken versetzte, dann war es die Vorstellung, die DDR dehne sich aus bis zu den Ufern des Rheins. Nur eben dies hat auch Dutschke, der Republikflüchtling, niemals gewollt. Er erinnert noch einmal an seine Rede, die er als junger FDJ-Vorsitzender vor seinen Mitschülern in Luckenwalde hielt: *Ich bekannte mich zur Wiedervereinigung, ich bekannte mich zum Sozialismus, aber nicht zu dem Sozialismus, wie er betrieben wurde.*

Weiß Axel eigentlich, dass dieser Alfred Willi Rudi Dutschke einmal zu seinen Leuten gehört hat? Als Volontär in der Sportredaktion der BZ hat er 1961 von den Fußballplätzen und Radrennbahnen in Berlin West berichtet. Jetzt scheint das Eis zwischen den Erzfeinden von einst endgültig gebrochen. Sportreporter, das wollte auch der knapp 20-jährige Springer einmal werden!

Aber, bei aller unverhofft entdeckten Gemeinsamkeit: Warum Axel, dem er ja den Standpunkt des einstigen Klassenfeindes, jetzt, wo sie beide geläutert sind, bereitwillig zugesteht, den Sozialismus jeglicher Couleur so dumpf denunzierte, das interessiert Rudi dann doch. Wer sich nicht *mit den Fäusten* der roten Gefahr widersetze, hat Springer 1976 in einer zornigen Rede gesagt, der *versagt ein zweites Mal, wie wir es nach 1933 taten.* Das allgegenwärtige Vergleichs-Unwesen, einmal mehr.

Axel kann sich an diesen Auftritt nur dunkel erinnern. Eines Grußworts an Jimmy Carter entsinnt er sich augenblicklich. Er kann es noch immer auswendig zitieren. *Wenn es als Folge des Zweiten Weltkrieges einen zweiten deutschen Staat geben müßte, in dem aber jeder Bürger dieselben Freiheiten genießen könnte wie bei uns; wenn er lesen könnte, was er will; wenn er ohne Furcht seine Meinung sagen könnte; wenn er seinen Arbeitsplatz aussuchen und seine Partei wählen und jederzeit über die Grenze gehen könnte; und wenn er sicher sein könnte, daß es nicht der Staatssicherheitsdienst ist, der morgens um sechs an der Tür klopft; einen solchen Staat könnte ich akzeptieren.* Das hat er gut gesagt. Das kommt dem von Dutschke eingeforderten *Selbstbestimmungsrecht der deutschen Nation* – aller Unterschiede zum Trotz, die nicht verwischt sein wollen – sehr nah.

Im Himmel scheint Normalität eingekehrt. Und die Feinde lernen sich endlich kennen. Mathias Döpfner aber hat jüngst noch einmal von der *Bunker- und Barrikaden-Mentalität in den eigenen Reihen* gesprochen, von *Verbissenheit und Unfröhlichkeit*, von einem *bis heute nicht überall verschwundenen, manchmal irgendwie verdruckten Selbstbewusstsein*. Die präzise Diagnose beschreibt freilich beide Seiten. Der *Lärm um ein Zeitungshaus*, von dem Springer einst sprach, dauert an. Da sind Axel und Rudi, die Spaziergänger im Totenreich, auf Erden zwei Neinsager vor dem Herrn, schon ein Stück weiter.

Dank

ZUNÄCHST EINMAL, OHNE Heribert Schwan wäre dieses Buch wohl niemals entstanden. Mein alter, ich finde: viel zu früh pensionierter Lieblingsredakteur hat mich 2009 an eine ARD-Fernsehdokumentation gesetzt, die sich mit der Bespitzelung des Springerkonzerns durch die Stasi befasste. Das hat mein Interesse am Thema geweckt. Schwan und vielen Helfern, die mich in den vergangenen zehn Monaten unterstützten, bin ich zu großem Dank verpflichtet. Meinen Interviewpartnern vor allem: Bernhard Blanke, Tilman Fichter, Peter Gäng, Ekkehart Krippendorff, Siegward Lönnendonker, Thomas Schmid, Hannes Schwenger und Jochen Staadt. Ich danke drei ungemein hilfsbereiten Archivaren: Ulrike Groß, vom SDS-Archiv in der FU, Matthias Klemm von der Zentral- und Landesbibliothek Berlin, dem unermüdlichen Rainer Laabs vom Unternehmensarchiv der Axel Springer AG.

Frau Professor Viola Hach-Wunderle und ihr famoses Team haben mich nach einer plötzlichen, schweren Erkrankung, mitten beim Schreiben, wieder auf die Beine gebracht. Annette Weikl hat mich mit viel Lektürestoff, Aachener Printen und guten medizinischen Ratschlägen versorgt, Adrian Koerfer, ein gewesener Gegner, mir Mut zugesprochen, Bettina Bundschuh, mit Freundlichkeit und unfassbar gelassen, den Rücken freigehalten. Ellinor O. Lang hat, trotz eines Umzugs mit einem ganzen Antiquariat, beim Bewältigen des gewaltigen Medienarchivs 68 geholfen, recherchiert, klaglos Archivalien besorgt, das Literaturverzeichnis erstellt. Und mir in den Tagen vor Abschluss des Manuskriptes nicht selten hilfreich widersprochen. Mein Lektor Patrick Oelze, dem ich – um es mit Kleist zu sagen – »auf den Knien meines Herzens« danke, bewahrte mich gleich mehrfach vor dem Aufgeben. Freunde haben viel Geduld bewiesen. Und Antonia, die Frau an meiner Seite, war einmal mehr ein Fels in der Brandung.

Tilman Jens Frankfurt, 19. März 2012

Bibliografie

Arnim, Tim von: „Und dann werde ich das größte Zeitungshaus Europas bauen". Der Unternehmer Axel Springer. Frankfurt, Campus, 2012

Backhaus, Fritz / Belkin, Dmitrij / Gross, Raphael (Hrsg.): Bild dir dein Volk! Axel Springer und die Juden. Göttingen, Wallstein, 2012

Bellmann, Werner / Hummel, Christine: Heinrich Böll. Die verlorene Ehre der Katharina Blum. Erläuterungen und Dokumente. Stuttgart, Reclam, 1999

Berliner Manifest. An alle Deutschen. 20 Thesen der Freiheit. Berlin, Bund Freies Deutschland, 1974

Bissinger, Manfred: Die Axel Springer Story. In: Stern, Heft Nr. 46, 1967

Bissinger, Manfred (Hrsg.): Günter Grass / Mathias Döpfner. Die Springer-Kontroverse. Ein Streitgespräch über Deutschland. Göttingen, Steidl, 2006

Böll, Heinrich: Bild – Bonn – Boenisch. Bornheim-Merten, Lamuv, 1984

Böll, Heinrich: Die verlorene Ehre der Katharina Blum oder: Wie Gewalt entstehen und wohin sie führen kann. Köln, Kiepenheuer & Witsch, 1974

Böll, Viktor / Schubert, Jochen: Heinrich Böll. München, Deutscher Taschenbuch Verlag (dtv), 2002

Chaussy, Ulrich: Die drei Leben des Rudi Dutschke. Eine Biographie. Darmstadt, Luchterhand, 1983

Czepuck, Harri: Meine Wendezeiten. Erinnerungen, Erwägungen, Erwartungen. Berlin, Dietz 1999

De Roulet, Daniel: Ein Sonntag in den Bergen. Ein Bericht. Zürich, Limmat, 2006

Diekmann, Kai: Der große Selbstbetrug. Wie wir um unsere Zukunft gebracht werden. München, Piper, 2009

Döpfner, Mathias (Hrsg.): Axel Springer. Neue Blicke auf den Verleger. Berlin, Axel Springer, 2005

Döpfner, Mathias: Die Freiheitsfalle. Ein Bericht. Berlin, Propyläen, 2011

Duve, Freimut / Böll, Heinrich / Staeck, Klaus (Hrsg.): Briefe zur Verteidigung der Republik. Reinbek bei Hamburg, Rowohlt, 1977

Enzensberger, Hans Magnus: Mittelmaß und Wahn. Frankfurt, Suhrkamp, 1998

Fichter, Tilman P. / Lönnendonker, Siegward: Dutschkes Deutschland. Der Sozialistische Deutsche Studentenbund, die nationale Frage und die DDR-Kritik von links. Essen, Klartext Verlag, 2011

Fichter, Tilman P. / Lönnendonker, Siegward: Kleine Geschichte des SDS. Der Sozialistische Deutsche Studentenbund von Helmut Schmidt bis Rudi Dutschke. 4. überarbeitete und ergänzte Auflage. Essen, Klartext Verlag, 2007

Grass, Günter: Der Fall Axel C. Springer am Beispiel Arnold Zweig. (Voltaire Flugschrift 15). Berlin, Luchterhand, 1967

Grützbach, Frank (Hrsg.): Heinrich Böll: Freies Geleit für Ulrike Meinhof. Ein Artikel und seine Folgen. Köln, Kiepenheuer & Witsch, 1972

Gruhn-Hülsmann, Annette: Erläuterungen zu Heinrich Böll, Die verlorene Ehre der Katharina Blum. (Königs Erläuterungen und Materialien 308). Hollfeld, Bange, 2005

Henschel, Gerhard: Gossenreport. Betriebsgeheimnisse der Bild-Zeitung. Berlin, Edition Tiamat, 2006

Henschel, Gerhard: Die Springer-Bibel. Ein Panorama der Mediengeschichte. Hamburg, Konkret, 2008

Jacobi, Claus: Der Verleger Axel Springer. Eine Biographie aus der Nähe. München, Herbig, 2005

Jansen, Bernd / Klönne, Arno (Hrsg.): Imperium Springer. Macht & Manipulation. Köln, Pahl-Rugenstein, 1968

Jens, Walter: Republikanische Reden. Frankfurt, Büchergilde Gutenberg, 1977 (München, Kindler, 1976)

Jürgs, Michael: Der Verleger. Der Fall Axel Springer. München, List, 2001

Karasek, Hellmuth: Briefe bewegen die Welt. Band 1. Kempen, TeNeues Verlag, 2011

Kruip, Gudrun: Das „Welt"-„Bild" des Axel Springer Verlags. Journalismus zwischen westlichen Werten und deutschen Denktraditionen. München, Oldenbourg, 1999

Küchenhoff, Erich u. a.: Bild-Verfälschungen. Analyse der Berichterstattung der Bild-Zeitung über Arbeitskämpfe, Gewerkschaftspolitik, Mieten, Sozialpolitik. 2 Bände. Frankfurt, Europäische Verlagsanstalt, 1972

Linder, Christian (Hrsg.): In Sachen Wallraff. Von den „Industriereportagen" bis „Ganz unten". Berichte, Analysen, Meinungen und Dokumente. Köln, Kiepenheuer & Witsch, 1986

Lohmeyer, Henno: Axel Springer. Ein deutsches Imperium. Bergisch-Gladbach, Lübbe, 1994

Miermeister, Jürgen / Jochen Staadt (Hrsg.): Provokationen. Die Studenten- und Jugendrevolte in ihren Flugblättern 1965-1971. Darmstadt, Luchterhand, 1980

Müller, Hans Dieter: Der Springer-Konzern. Eine kritische Studie. München, Piper, 1968

Naeher, Gerhard: Axel Springer. Mensch, Macht, Mythos. Erlangen, Straube, 1991

Nipperdey, Thomas: Deutsche Geschichte 1866-1918. 2. Band: Machtstaat vor der Demokratie. München, Beck, 1992.

Petersen, Anette: Die Rezeption von Bölls „Katharina Blum" in den Massenmedien der Bundesrepublik Deutschland. Kopenhagen, Wilhelm Fink, 1980

Resolution zum Kampf gegen Manipulation und für die Demokratisierung der Öffentlichkeit. In: Neue Kritik 44, 1967

Schneider, Peter: Rebellion und Wahn. Mein 68. Eine autobiographische Erzählung. Köln, Kiepenheuer & Witsch, 2008

Schwarz, Hans-Peter: Axel Springer. Die Biographie. Berlin, List, 2009

Schwenger, Hannes (Hrsg.): Solidarität mit Rudolf Bahro. Briefe in die DDR. Reinbek bei Hamburg, Rowohlt, 1978

SDS-Autorenkollektiv / Springer-Arbeitskreis der KU: Der Untergang der Bildzeitung. Berlin, Selbstverlag, 1969

Springer, Axel: Aus Sorge um Deutschland. Zeugnisse eines engagierten Berliners. Stuttgart, Seewald, 1980

Springer, Axel: Von Berlin aus gesehen. Zeugnisse eines engagierten Deutschen. Stuttgart, Seewald, 1972

Springer enteignen? Materialien zur Diskussion. Berlin, Republikanischer Club, 1967

Staadt, Jochen / Voigt, Tobias / Wolle, Stefan: Feind-Bild Springer. Ein Verlag und seine Gegner. Göttingen, Vandenhoeck & Ruprecht, 2009

Staeck, Klaus (Hrsg.): Die Leiden des Axel Cäsar Springer. Göttingen, Steidl, 1981

Vormweg, Heinrich: Der andere Deutsche. Heinrich Böll. Eine Biographie. Köln, Kiepenheuer & Witsch, 2000

Wallraff, Günter: Der Aufmacher. Der Mann, der bei Bild Hans Esser war. Köln, Kiepenheuer & Witsch, 1977

Wallraff, Günter: Zeugen der Anklage. Die „Bild"-beschreibung wird fortgesetzt. Köln, Kiepenheuer & Witsch, 2008

Witter, Ben: Prominentenporträts. Frankfurt, Fischer Taschenbuch, 1977

Witter, Ben: Spaziergänge mit Prominenten. Frankfurt, Fischer Taschenbuch Verlag, 1984

Wolff, Uwe: „Das Geheimnis ist mein". Walter Nigg. Eine Biographie. Zürich, Theologischer Verlag, 2009

Benutzte Archive:

APO-Archiv in der FU Berlin

Medienarchiv 68 (www.medienarchiv68.de)

Unternehmensarchiv Axel Springer AG, Berlin

Zentral- und Landesbibliothek Berlin, Zentrum für Berlin-Studien

Bildnachweise

- S. 12, 34, 49, 59, 68, 77, 80, 85, 86, 87, 95, 105, 106, 112, 137: Unternehmensarchiv Axel Springer AG, Berlin
- S. 29, 32: picture alliance / dpa
- S. 58: entnommen aus Miermeister / Staadt, Provokationen
- S. 119: Archive des Bundesbeauftragen für die Unterlagen des Staatsicherheitsdienstes der ehemaligen Deutschen Demokratischen Republik, Berlin
- S. 123: DRA Babelsberg / Alexander Schitko
- S. 130: Zentral- und Landesbibliothek Berlin

Der Verlag hat sich bemüht, alle Rechteinhaber ausfindig zu machen. In Fällen, in denen dies nicht gelungen ist, bitten wir um Mitteilung.